BRUXELLES. — TYP. DE Vᵉ J. VAN BUGGENHOUDT
Rue de Schaerbeek, 12

COLLECTION HETZEL & LÉVY

LE

MUSÉE SECRET

DE PARIS

PAR CHARLES MONSELET

PARIS

MICHEL LÉVY FRÈRES, ÉDITEURS

Rue Vivienne, 2

LES CONCERTS DE PARIS

LES CONCERTS DE PARIS

A M. H. B..., NATURALISTE

Laissez-moi, mon cher ami, vous dédier cette petite étude, dont la frivolité n'est qu'apparente et qui se rattache indirectement à vos travaux. Un matin de cet été, vous me montriez dans les champs mille réseaux diamantés, au centre desquels se tenaient, bigarrées et agiles, de gracieuses araignées épiant les mouches. Mes araignées, à moi, n'habitent pas les champs, ou, du moins, elles les ont quittés pour venir suspendre leurs toiles, encore plus brillantes, au plafond d'or des salles de bal et des salles de concert. Charmantes et dangereuses, vous les reconnaîtrez facilement à leur prestesse, à leurs ruses, à leur persévérance — et à leur cruauté ! L'espèce dont il est question ici portait hier le nom de *musardines ;* comment les appelera-t-on demain ? Voulez-vous être leur parrain, mon ami ? Dans ce cas, ouvrez vos livres de science et votre drageoir, et songez que votre réponse est attendue avec impatience de Paris tout entier.

(Une chambre de la rue Pigale, au deuxième étage au-dessus de l'entre-sol. Deux jeunes femmes, Olympe et Anna, s'habillent pour sortir. Il est neuf heures du soir.)

OLYMPE. — As-tu fin !?

ANNA. — Quoi ?

OLYMPE. — Eh bien, de t'allonger les yeux.

ANNA, *au miroir.* — Je ne m'allonge pas les yeux, je me fais un signe.

OLYMPE. — Dépêche-toi donc.

ANNA, *se retournant.* — C'est fait. Tiens ! tu as changé les brides de ton chapeau ? Je n'aime pas beaucoup cette couleur-là. C'est cerise.

OLYMPE. — Non, c'est ponceau. Pleut-il ?

ANNA. — Du tout. (*Elle se gante.*)

OLYMPE. — Tant pis ! j'ai eu tort de mettre des bottines neuves ; j'aurais dû les garder pour la prochaine averse.

ANNA. — Mon gant déchiré ! Cristi ! cristi ! (*Elle frappé du pied.*)

OLYMPE. — Pourquoi les prends-tu ? quarante sous ? Il faut mettre trois francs cinquante pour avoir quelque chose de bon.

ANNA. — Ta boîte à ouvrage, où est-elle ?

OLYMPE. — Sur le guéridon. Moi, je suis prête. Le régisseur peut frapper les trois coups. Une ! deux ! trois ! Oh ! être actrice ! — A propos...

ANNA. — Ta soie casse.

OLYMPE. — Vois-tu toujours Alphonse ?

ANNA. — Alphonse ? — Là, ça ira comme cela ce soir ; c'est assez bon pour une reprise. — C'est toute une histoire, ma chatte. D'abord, Alphonse est mort.

OLYMPE. — Pas possible !

ANNA. — Aussi vrai que je mets ce gant. Il paraît qu'il jouait à la Bourse et qu'il a perdu tout ce qu'il avait, et même...

OLYMPE. — Oui.

ANNA. — Alors, il s'est coupé la gorge, après avoir laissé un petit papier écrit sur sa table. J'ai encore son cache-nez, ici.

OLYMPE. — Il était bien drôle, tout de même.

ANNA. — Tu trouves ? Je ne lui voyais rien de si étonnant. Toujours des calembours !... Et puis comme il s'habillait !

OLYMPE. — Oh ! pour cela, c'est vrai. Des cravates vertes, des chapeaux hérissés! — Nous partons?

ANNA. — Partons. Le petit chien?...

OLYMPE. — Je l'ai enfermé dans le cabinet de toilette.

(A l'hôtel des Concerts de Paris, rue Basse-du-Rempart. La foule commence à arriver. De chaque coupé noir jaillissent, comme d'une boîte à surprise, deux ou trois femmes qui, à peine sur le trottoir, développent autour d'elles des mondes de jupons. Elles entrent par douzaines, par vingtaines, et gravissent l'escalier à double rampe qui mène aux salons. Là, elles se répandent et s'éparpillent, bruyantes, exagérées de couleurs et d'odeurs. On les suit, on se retourne; les unes rient à belles dents; quelques autres affectent l'indifférence et même la fierté. Olympe et Anna paraissent.)

ANNA. — Je t'assure que c'est lui; je l'ai bien reconnu.

OLYMPE. — Ce petit avec qui nous venons de nous croiser à la porte et qui ne nous a pas fait ses excuses?

ANNA. — Oui.

OLYMPE. — T'a-t-il vue?

ANNA. — Je ne sais pas; ma voilette était baissée. Cela m'a fait quelque chose...

OLYMPE. — Il va t'accoster tout à l'heure.

ANNA. — Oh! non. Je l'ai si mal quitté, il y a trois ans.

OLYMPE. — Raison de plus.

JOSÉPHINE, *grande et brune.* — Bonsoir, mes deux biches. Vous ne savez pas; je reviens des bains de mer. Quatre toilettes par jour! J'ai eu bien des *arias* avec la douane à cause de mes malles, allez. C'est égal, je ne comprends pas comment on peut rester à Paris dans la belle saison. Qu'est-ce que vous avez fait, vous autres? qu'y a-t-il de nouveau? Je suis entrée ici par hasard; si Raoul le savait, ce seraient des scènes...

ANNA. — C'est avec Raoul que tu as été aux eaux?

JOSÉPHINE. — Non, avec Édouard. Il m'a présentée au prince de je ne sais plus quoi, un vieux qui ne parle pas deux mots de parisien, et qui m'a passé au doigt, le premier jour, cette bague en brillants. Voyez.

OLYMPE. — Oui, c'est gentil.

JOSÉPHINE. — Merci! gentil? On t'en donnera, du gentil comme cela, ma belle biche. Va voir si cela se ramasse au Château des Fleurs.

OLYMPE, *piquée.* — Ah! mon Dieu! cela ne vaut pas pourtant les diamants de Nelly.

JOSÉPHINE. — Tu crois, ma pervenche? Cela ne vaut peut-être pas mieux non plus que la broche?

Je vois avec plaisir que tu t'y connais. Ce que
c'est que l'habitude de porter ces bibelots, pourtant !
Si j'étais toi, je demanderais une place de vérifica-
teur à la Monnaie. Adieu, mes anges. Bonjour à
Nelly. (*Elle s'éloigne.*)

ANNA. — Que cette femme est commune !

(*Sur la terrasse. Madeleine et Rachel, les deux
sœurs. Elles sortent du fumoir.*)

MADELEINE. — Un mobilier de soixante mille
francs? à elle?

RACHEL. — C'est Berthe qui me l'a dit.

MADELEINE. — Et tu donnes là dedans? Allons
donc! les Lanciers!

RACHEL. — Elle vient ici tous les soirs avec sa
bonne.

MADELEINE. — Un joli genre! Pourquoi n'amène-
t-elle pas aussi son porteur d'eau et son charbonnier?

(*Dans les salons de jeux. On entoure un jeune homme
qui s'apprête à lancer la toupie hollandaise ; une
femme aux anglaises blondes lui heurte le bras.
Par mégarde ou avec intention ?*)

LE JOUEUR, *se retournant*. — Madame, si je
perds, cela aura été un peu de votre faute...

LA DAME AUX ANGLAISES. —Oh! mille pardons, monsieur; c'est mon amie qui m'a poussée.

LE JOUEUR. — ...Et, dans ce cas, c'est à vous que je demanderai une revanche.

LA DAME AUX ANGLAISES. — Vous serez dans votre droit, monsieur.

L'AMIE, *bas*. — Eh bien, tu as de l'aplomb, ma chère.

LA DAME AUX ANGLAISES, *de même*. — Tais-toi donc, et vois le beau linge!

LE JOUEUR. — Madame, j'ai perdu.

LA DAME AUX ANGLAISES. — Il fait bien chaud dans ce petit salon...

LE JOUEUR, *offrant son bras*. — Voulez-vous que nous nous promenions? (*En sortant, ils rencontrent un monsieur en gilet de velours, qui se met à rire*.)

LE MONSIEUR EN GILET DE VELOURS. — Tiens! Xavier qui vient d'être levé par Henriette!

(*Dans le salon du billard chinois. Une brune de dix-huit ans, Clotilde, se penche sur l'étalage des lots*.)

CLOTILDE, *très-haut et regardant de tous côtés*. — Oh! comme ces deux porcelaines feraient bien sur mon étagère!

UN ANGLAIS, *s'approchant*. — Yes.

CLOTILDE, *souriant.* — C'est du Japon, n'est-ce pas, monsieur ?

L'ANGLAIS. — No.

CLOTILDE. — J'aurais cru...

LE MARCHAND, *attentif à ce colloque.* — Regardez, madame ; c'est d'un très-joli travail, pas commun du tout ; vous pouvez examiner. (*Il lui met les deux porcelaines dans la main.*)

CLOTILDE, *les passant à l'Anglais.* — Voyez donc, en effet, milord.

L'ANGLAIS. — Yes ; ce être vilain.

CLOTILDE. — Mais non, il y a des moutons dessus. (*Au marchand.*) Combien vendez-vous cela ?

L'ANGLAIS. — Inioutile.

LE MARCHAND. — Dix francs les deux ; vous ne trouverez pas les pareils dans tout Paris.

L'ANGLAIS. — Oh ! (*Il replace les porcelaines à l'étalage, comme si elles lui brûlaient les mains.*)

LE MARCHAND. — Allons, pour vous, ce sera huit cinquante.

L'ANGLAIS. — No.

CLOTILDE, *au marchand.* Enveloppez-les-moi. (*Elle tire son porte-monnaie et cherche à l'ouvrir ; mais les fermoirs résistent.*) Aidez-moi, milord, je vous prie...

L'ANGLAIS. — Oh ! je ne saouffriral pas. Je payerai le petite bêtise pour l'étagère de vô. (*Au marchand.*) Tenez.

LE MARCHAND. — C'est encore trois francs cinquante, monsieur.

L'ANGLAIS, *avec un soupir*. — Yes.

CLOTILDE. — Vous êtes galant, milord...

L'ANGLAIS. — Yes.

CLOTILDE. — Et je ne sais vraiment comment vous remercier. (*Elle prend le bras de l'Anglais.*)

L'ANGLAIS. — Moa, je savais bien... Dites, à quelle... étagère... demeurez-vô ? (*Ils s'éloignent.*)

(*Dans le salon du tourniquet. Toujours la même scène, à quelques variantes près. — Pauline fait un signe à madame Frédéric, et l'emmène à part.*)

MADAME DE FRÉDÉRIC. — Qu'est-ce que tu me veux, ma belle frisée ?

PAULINE. — Êtes-vous toujours rue de Calais?

MADAME DE FRÉDÉRIC. — Oui, bichon, à côté des bains. Pourquoi?

PAULINE. — C'est que j'irai chez vous demain, à deux heures, pour vous demander de me prêter votre manteau.

MADAME DE FRÉDÉRIC. — Pas à deux heures, mon chat ; à une ou à trois.

PAULINE. — Eh bien, à trois heures ; cela me va encore mieux.

MADAME DE FRÉDÉRIC. — Tu en auras bien soin, mon toutou ? Tu sais qu'il est tout neuf ; je ne l'ai mis que deux fois.

PAULINE. — Soyez tranquille ; je ménage les effets.

MADAME DE FRÉDÉRIC, *clignant de l'œil*. — Il y a donc quelque chose sous jeu ?

PAULINE. — Oui ; je vous conterai cela. A demain !

MADAME DE FRÉDÉRIC. — A demain, bébelle.

(*Deux hommes gros et colorés se rencontrent face à face avec Marie et Blanche.*)

PREMIER HOMME GROS ET COLORÉ. — Bon...jour, Blanchon, Blan...chette !

BLANCHE, *riant*. — Dis donc, Jules, tu as bien dîné ?

MARIE. — Il est roide comme la justice.

JULES. — Bien dî...né ? Je crois bien ! C'est Godivard qui payait. Tu ne connais pas Godivard, l'associé de mon asso...cié ? Godivard..... le voilà ! (*Il désigne son ami.*) le voilà ! le voilà ! le voilà !

GODIVARD. — Hé ! hé ! hé !

JULES. — Il m'a conduit au *Moulin-Rouge*...

avec des cocottes... qui nous ont plantés là,
comme...

GODIVARD. — Au dessert.

JULES. — Oui, au dessert. Parce que Godivard,
vois-tu, Blanchon, c'est un homme très-bien; mais,
quand il a bu son cornet de champagne,... flûte!
Du reste, il a bien fait les choses. Je m'y connais;
j'ai voyagé pour les soieries de Lyon, et...

MARIE *à Blanche.* — Viens-t'en.

JULES, *les arrêtant.* — Laissez-moi vous présenter Godivard, de l'Ain, inventeur d'un métier
pour... Il m'a raconté cela à table. Godivard! salue,
et montre ton vaccin.

GODIVARD. — Hé! hé! hé!

MARIE. — Passez votre chemin, manants!
(*Elles se sauvent.*)

(*Dans la salle des concerts. L'orchestre s'apprête à
exécuter l'ouverture de l'ÉTOILE DU NORD. On s'assoit : le silence se fait peu à peu.*)

M. ARBAN. — Y êtes-vous, Lamoury?

M. LAMOURY. — Attendez.

M. ARBAN. — Et vous, Demersseman, êtes-vous
prêt?

M. DEMERSSEMAN. — Voilà.

M. ARBAN. — Attaquons!

OUVERTURE DE *l'Étoile du Nord*

Prom! prom! prom! prom! prom! (*L'auditoire dresse l'oreille.*) La hi! la hi! titi! la hi! titi! titi! tititi! la hi! (*Les amateurs sourient agréablement, en marquant la mesure avec leur tête.*) Frron! frron! frron! bombinpon! (*Les amateurs reprennent leur sérieux.*) Bombinpon! Tutu, tutu, tutu, tutu, tutu! Lilili!:liliiliililiilili! (*Ce sont les fifres de Pierre le Grand.*) Ran plan plan! ran plan plan! ran plan! ran! plan! (*Ce sont les tambours de Pierre le Grand.*) Lala hou! hou lala! hou lala! hou! vou! vou! bahalou! bahalou! bahalou! (*Cette musique large impressionne le public.*) Turututu! hu! hu! hu... Couac! (*M. Arban se retourne sévèrement.*) Dzing! dzing! pan dzing! dzing! pan! frag! rran! bring! trou! (*Explosion.*) Zoum! foum! roum! zoum! zoum! roum! (*Allez! allez! donc!*) Fra patagran! vlan! vran! tran! bran! dran! cran! han! (*Quel bruit, grands dieux!*) Drelin din din! drelin din din! din din! Ti! ti! ti! ti! ti! (*Encore les fifres.*) Ran plan plan! plan! (*Encore les tambours.*) La la la blon! la la la, blon! blon! blon! blon! blon!.... bbblon!!! (*Tonnerre d'applaudissements.*)

(Dans le jardin. Chaises et arbres. De distance en distance, sur des piédestaux, des vases blancs contenant des fleurs en métal, iris et roses, qui lancent des jets de gaz par leurs pistils. Au fond, Anna et Henri sont assis à une table.)

HENRI. — Est-ce bien toi, ma chère Anna ? Qui m'aurait dit que je te rencontrerais ici ?

ANNA. — Il faut bien se rencontrer quelque part.

HENRI. — Certainement ; mais, ici, ce n'est pas quelque part.

UN GARÇON. — Qu'est-ce que prendront monsieur et madame ?

HENRI. — Ce que vous voudrez. (*A Anna.*) Ce que tu voudras.

ANNA, *au garçon.* — A quoi sont vos glaces aujourd'hui ?

LE GARÇON. — Citron, vanille, pistache, café...

ANNA. — Eh bien, vanille et citron.

LE GARÇON. — Et monsieur ?

HENRI. — Oui, oui.

LE GARÇON. — Comme madame, alors. (*Il s'absente.*)

ANNA *à Henri.* — Tu as une jolie chaîne.

HENRI. — Mon Anna, t'est-il du moins quelquefois arrivé de penser à moi ?

ANNA. — Mais oui ; je parle souvent de toi à Olympe.

HENRI. — Qu'est-ce que c'est qu'Olympe ?

ANNA. — Eh bien, mon amie, celle avec qui j'étais tout à l'heure.

HENRI. — Ah ! oui... vous avez toutes des amies ; c'est une rage.

LE GARÇON, *revenant*. — Les glaces demandées ! (*Henri le paye.*)

ANNA. — Oh ! le joli porte-monnaie ! c'est du cuir de Russie.

HENRI. — Ne pas avoir répondu à mes lettres, quand je te disais de revenir, que je t'attendais, que nous ne parlerions plus de ce qui s'était passé et que j'oubliais tout...

ANNA. — Mais ne me prends donc pas les mains comme cela ! c'est ridicule ! Vois comme il passe du monde.

(*Une femme mûre et une jeune fille, madame Ismaël et Laure, circulant.*)

MADAME ISMAEL. — Vois-tu, ma petite, il faut toujours te méfier de trois sortes d'hommes.

LAURE. — Rien que de trois ? Voyons.

MADAME ISMAEL. — D'abord, de ceux qui te diront : « Je fais les vins de Bordeaux. »

LAURE. — Bien.

MADAME ISMAEL. — Ensuite, de ceux qui te diront : « Je suis dans les assurances. »

LAURE. — Et puis ?

MADAME ISMAEL. — Enfin, de ceux qui te diront : « Je suis artiste. » (*Elles s'éloignent.*)

ANNA, *à Henri*. — Tu as une jolie bague.

HENRI. — Deux lignes de toi m'auraient fait tant de bien, rien que deux lignes ! Tu ne sais pas que j'ai failli mourir. J'ai gardé le lit pendant trois mois, et, sans les soins de ma mère...

ANNA. Tu n'étais pas raisonnable, Henri. Où cela nous aurait-il menés tous les deux ? Ta position n'était pas faite. (*Écorchant la glace et portant la cuiller à ses lèvres.*) Oh ! que c'est froid !

HENRI. — Es-tu heureuse, au moins ? T'aime-t-*il* toujours ?...

ANNA. — Oh ! ce n'est plus *lui !*

HENRI. — Ah ! (*Silence.*)

ANNA. — Écoute donc la jolie valse.

(*Olympe et Léonie passent, et s'arrêtent.*)

LÉONIE. — C'est Anna ! Avec qui est-elle ?

OLYMPE. — Avec son premier amour, je crois. Des fadeurs !

LÉONIE. — Ah bien, moi, il y a bel âge que je ne pense plus à mon premier *béguin !*

OLYMPE. — Rentrons. (*En arrivant au seuil de la salle de concert, Olympe marche sur le pied d'un monsieur.*)

LE MONSIEUR. — Aïe !

OLYMPE. — Qu'est-ce que c'est ?

LE MONSIEUR. — Charmante... charmante... on n'est pas plus... ravissante. (*Il la suit en boitant.*

ANNA, *à Henri.* — Que tu es singulier ! Je vis comme tout le monde, parbleu ! J'ai un petit amant qui m'adore ; c'est le fils d'un chef de bureau. Où y a-t-il du mal à cela ? Je ne te comprends pas. Crois-tu que je consentirais à être comme toutes ces femmes ?

HENRI. — Non, Anna ; mais...

ANNA. — Eh bien, alors, qu'est-ce que tu veux ? J'ai de la jeunesse et je m'amuse. Voudrais-tu pas que je passe encore mes nuits à piquer des gilets, comme autrefois, à Poitiers ?

HENRI. — Autrefois, c'était le bon temps.

ANNA. — Merci, mon chéri. Béranger est mort. A propos, tu sais que c'est après-demain ma fête ? J'espère que tu m'enverras un petit souvenir.

HENRI — Ta fête ? Mais tu t'appelles Anna.

ANNA. — Anna-Élisabeth-Louise -Marie-Geneviève.

HENRI. — Très-bien.

(*Olympe arrive, suivie du monsieur boitant.*)

OLYMPE, *à Anna.* — Dis donc, Anna, tu sais, tu viens souper avec nous. C'est convenu.

LE MONSIEUR BOITANT. — Charmante... délicieuse...

OLYMPE. — Voici monsieur à qui j'ai écrasé un cor et qui nous invite à la Terrasse. Il est avec un Américain de ses amis.

LE MONSIEUR. — Charmante...

OLYMPE. — Es-tu prête? Il est onze heures, tout le monde s'en va.

ANNA. — Oui. (*Elle se lève.*)

HENRI. — Adieu, Anna.

UNE LOGE D'ACTEUR

UNE LOGE D'ACTEUR

Le comédien Lafontaine est un de nos camarades d'enfance. Tout le monde connaît ce talent
passionné et brillant, capable à la fois de représenter les Léandre et les Gennaro. Il y avait quelque
temps que nous ne lui avions serré la main, lorsque
lundi, entre six heures et six heures et demie de
l'après-dînée, nous nous entendîmes appeler d'une
fenêtre de la petite rue des Filles-Saint-Thomas.
C'était Lafontaine; il nous fit signe de monter.

La porte était devant nous : c'était celle qui sert
d'entrée aux acteurs du théâtre du Vaudeville. Un
escalier abominable, percé à chaque palier d'un
corridor long et sombre, nous conduisit à un

deuxième étage, au haut duquel Lafontaine nous attendait. Nous n'avons jamais rien compris à la hideur et à la malpropreté traditionnelles des escaliers de théâtre. Par quel singulier esprit de contraste ou de superstition les directeurs se plaisent-ils à entretenir ces léproseries à l'entour des coulisses? Qui n'a passé avec effroi devant l'immonde boyau de l'Ambigu-Comique? Qui ne s'est senti à moitié asphyxié dans l'allée ténébreuse de la Porte-Saint-Martin, entre ces murs humides de salpêtre, où pleure nuit et jour l'œil sanglant d'une lanterne? Tous les égouts du passage des Panoramas dégorgent dans la cour des Variétés, qui sert d'antichambre à la loge du concierge. Et le sous-sol malsain du Gymnase-Dramatique? Et la bouffonne porte à grelot du Palais-Royal?

Lafontaine nous conduisit dans sa loge, qui porte le n° 19. C'est une petite chambre, aussi petite qu'une chambre de bain et tendue de velours ponceau; un divan y tient la place de la baignoire. Une grande psyché, qui masque la moitié de la fenêtre, une armoire, un coffre, où notre regard curieux entrevit tout un mardi gras d'étoffes et de paillettes, un guéridon et des fauteuils en bois doré composent l'ameublement. Des nattes sur le carreau. Tout autour de la loge les portraits de George Sand, de madame Ristori del Grillo, de mademoiselle Rachel, de Frédérick Lemaître, de Roger et de Duprez, avec des *hommages* autographes à Lafontaine.

De lui-même, pas un seul portrait, — ce que nous considérâmes comme un acte de bon goût.

Il nous invita à nous asseoir, — et nous causâmes.

LAFONTAINE. — C'est un miracle de vous voir ! Il faut vraiment des cataclysmes pour vous décider à sortir de chez vous... Si vous le voulez bien, nous allons prendre le café ensemble, ici.

NOUS. — Très-volontiers ; mais à la condition que vous continuerez à vous habiller.

LAFONTAINE. — J'allais vous en demander la permission. (*Il s'assied sur un tabouret, devant une toilette éclairée par deux lampes.*)

NOUS. — Q'est-ce qu'on joue ce soir ?

LAFONTAINE. — Toujours *Dalila*. Le directeur veut pousser la pièce jusqu'à cent représentations. (*Il passe sur son visage une éponge imbibée de blanc de perle.*)

NOUS. — Ainsi, pendant trois mois, tous les jours, par ces chaleurs foudroyantes de juin, de juillet et d'août, vous aurez fait ce métier écrasant, qui consiste à simuler, plusieurs heures durant, les angoisses, les défaillances, les délires de l'humanité ?

LAFONTAINE. — Tous les jours, excepté le dimanche. (*Il essuie le blanc de perle avec une patte de lièvre.*)

NOUS. — Ah ! mon pauvre ami ! vous devez être sur les dents !

LAFONTAINE. — C'est vrai. (*Il prend un pinceau et le trempe dans de la poussière de pastel.*)

NOUS. — Que de fois il vous arrive de maudire votre profession !

LAFONTAINE. — A un autre que vous je répondrais oui ; je me plaindrais et ferais semblant de n'aspirer qu'au bonheur de planter des choux dans un coin de terre ignoré, loin de l'envie et du gaz. Mais je mentirais... Où est donc ma brosse à sourcils ?

NOUS. — N'est-ce pas cela ?

LAFONTAINE. — Merci. J'aime mon art par-dessus tout, et cela se comprend. Les directeurs ne m'ont presque jamais forcé à apprendre des panades. J'ai toujours joué du George Sand, de l'Émile Augier, du Dumas fils. Ajoutez qu'on me paye bien et que j'ai de la santé.

UNE VOIX, *dans le lointain.* — Julien ! rustre ! croquant ! Arriveras-tu, canaille de Julien ?

NOUS. — Qu'est-ce que c'est ?

LAFONTAINE. — C'est Félix qui appelle le coiffeur.

MADEMOISELLE SAINT-MARC, *entr'ouvrant la porte de la loge.* — Lafontaine, petit Lafontaine,

Fontaine, êtes-vous prêt? Nous descendons. (*Elle disparaît avec un grand murmure de soie.*)

LAFONTAINE. — Dans un instant. (*On apporte du café.*) Posez cela sur le guéridon. (*La cloche du théâtre se fait entendre.*)

M. ROGER, *régisseur.* — Monsieur Lafontaine, on commence.

LAFONTAINE. — Déjà ?

M. ROGER. — Nous sommes en retard de douze minutes sur hier.

LAFONTAINE. — Faites-moi le plaisir, mon cher Roger, de venir de temps en temps me dire où l'on en est. (*M. Roger sort.*)

UNE VOIX, *dans le lointain.* — Julien ! rufien de Julien ! misérable, monteras-tu?

NOUS. — Je vous quitte.

LAFONTAINE. — Pourquoi? Prenons le café tranquillement. Il me semble que j'ai une foule de choses à vous raconter. Que ne m'attendez-vous là ? Le premier acte n'est pas long et je ne parais ensuite que dans le troisième. Voilà des cigares. Si vous voulez écrire, il y a ici tout ce qu'il faut.

M. ROGER, *du dehors.* — Monsieur Lafontaine!

LAFONTAINE. — Quoi?

M. ROGER. — *Tu sais bien que je ne songe qu'à ton bonheur...*

LAFONTAINE. — Bien. Je mets mon habit. (*A*

nous.) C'est convenu, vous restez, n'est-ce pas?

NOUS. — Soit. Serai-je dérangé?

LAFONTAINE. — Du tout; il n'y a que mon domestique qui entre dans ma loge.

NOUS. — Adolphe?

LAFONTAINE. — Oui.

M. ROGER, *entrant.* — Comment! vous n'avez pas votre chapeau ? Mais dépêchez-vous !

LAFONTAINE. — Où en est-on?

M. ROGER. — *Le jour de ton mariage, ma chère enfant...*

LAFONTAINE. — Diable! c'est le dernier délai. Il faut que je vous quitte, Monselet.

NOUS. — Faites, faites.

M. ROGER. — Vous mettrez vos gants sur le théâtre.

LAFONTAINE. — Oui. (*Il donne un dernier coup d'œil au miroir.*) Les cigares sont là; voulez-vous que je dise que l'on vous monte *la Presse?*

NOUS. — C'est inutile.

M. ROGER. — Allons, monsieur Lafontaine, allons!

Ce M. Roger l'entraîna presque, et nous laissa seul.

Nous procédâmes alors à l'inventaire de la loge avec une curiosité provinciale, lisant les étiquettes de tous les flacons, depuis la *brillantine pour lustrer la barbe*, jusqu'au *blanc Rachel*, qui est, à ce qu'il paraît, le dernier mot du blanc. Un instant nous eûmes l'idée d'essayer sur notre personne quelques-unes de ces compositions *jouvencielles;* mais la crainte d'être surpris nous arrêta dans cette velléité de coquetterie.

Nous regardâmes aussi les cadres de plus près; nous décrochâmes même le portrait de M. Frédérick Lemaître, afin de lire les lignes que l'étrange et puissant comédien y avait tracés de sa main, en marge. Les voici dans toute leur intégrité, et avec leur sincérité enthousiaste : — « A Lafontaine ! témoignage d'amitié et d'estime au véritable artiste, qui veut me faire l'honneur de se dire mon élève ! Son maître !... c'est Dieu !... qui nous fit. FRÉDÉRICK LEMAITRE, *juin* 1856. »

A ce moment, nous vîmes entrer Adolphe.

Adolphe est le valet de chambre de Lafontaine : c'est un garçon intelligent et même rusé, qui est en train de perpétuer la race des domestiques célèbres, à commencer par le Brinon du chevalier de Grammont, pour finir au Baptiste de *la Vie de Bohême.* Il est né dans la Brie.

Nous n'avons qu'une crainte pour Adolphe : c'est que l'ambition ne vienne, un jour ou l'autre, lui tourner la tête, et qu'il ne s'avise de quitter la livrée en se croyant appelé à des destinées plus éclatantes. Déjà nous l'avons vu, il y a quelques mois, solliciter auprès de son maître la permission

de paraître parfois au fond de la scène du Vaudeville, parmi ces personnages muets que l'on désigne ainsi : « Invités, invitées. » Lafontaine y a
consenti.

C'est un malheur.

ADOLPHE. — Comment ! c'est vous, monsieur ?
Il y a longtemps qu'on ne vous a vu à la maison.

NOUS. — C'est vrai, Adolphe.

ADOLPHE. — Est-ce que vous n'allez pas dans
la salle ? Le rideau est levé.

NOUS. — Je le sais, Adolphe ; mais je préfère
rester ici. J'attends ton maître.

ADOLPHE. — C'est différent. (*On frappe.*) Entrez.

UN GARÇON DE THÉÂTRE. — Des lettres pour
M. Lafontaine.

ADOLPHE. — Bien. (*Le garçon de théâtre sort.
Adolphe approche une lampe, s'assied tranquillement et décachète les lettres.*)

NOUS, *surpris*. — Qu'est-ce que tu fais donc là ?

ADOLPHE. — Vous le voyez, je lis le courrier de
monsieur. Des demandes de stalles... des invita-
tions. (*Avec humeur.*) Allons, bon ! encore *elle !*

NOUS. — Il t'autorise à dépouiller sa correspon-
dance ?

ADOLPHE. — Oui. Il m'a prié de lui rendre ce
service, pendant tout le temps qu'on jouerait
Dalila.

NOUS. — Et dans quel but?

ADOLPHE. — Le rôle est très-fatigant, comme vous savez : c'est un rôle de *sept cents* et qui préoccupe beaucoup monsieur. C'est pourquoi il m'a recommandé de ne lui mettre sous les yeux rien de ce qui pourrait le troubler ou lui donner des idées étrangères à la pièce... Les acteurs, voyez-vous, ce n'est pas comme les auteurs...

NOUS. — Voilà une grande vérité, Adolphe.

ADOLPHE. — Ils ont besoin de plus de ménagements.

NOUS. — Certes !

ADOLPHE. — Depuis trois mois, j'ouvre toutes les lettres qui arrivent à l'adresse de M. Lafontaine, ici ou chez lui. Celles qui sont insignifiantes ou purement agréables, je les lui montre ; les autres, je les garde.

NOUS. — Tu les gardes ?

ADOLPHE. — Pour les lui communiquer quand son congé commencera.

NOUS. — C'est très-bien imaginé ; mais, parmi ces *autres* lettres, il y en a... de toute nature...

ADOLPHE, *froidement.* — De toute nature, oui.

NOUS. — Eh bien, celles qui exigent une réponse immédiate...?

ADOLPHE. — C'est moi qui réponds.

NOUS. — Toi ?

ADOLPHE. — Monsieur m'honore de toute sa confiance, et il sait qu'elle est bien placée.

NOUS. — J'en suis également convaincu ; mais...

ADOLPHE. — Voici, par exemple, une femme qui *nous* écrit régulièrement tous les jours. Naturellement, je fourre ses lettres dans ma poche. Cependant, comme il faut avoir des égards avec tout le monde, même avec les femmes, n'est-ce pas, monsieur?...

NOUS. — Oui, Adolphe, même avec les femmes !

ADOLPHE. Je lui ai confectionné une épître que je crois assez bien troussée. Du reste, je ne suis pas fâché de vous la montrer, avant de la mettre à la poste.

NOUS. — Tu l'as sur toi ?

ADOLPHE. — La voici. Vous remarquerez que je me suis servi du papier de l'administration, avec un *en-tête* imprimé, pour donner plus d'autorité à mon langage.

NOUS. — Voyons.

THÉATRE
DU
VAUDEVILLE
—
Cabinet
DE LA DIRECTION

« Paris, 31 août 1838.

» Madame,

» Je n'ai pas pour habitude de répondre aux

lettres d'amour qu'on écrit à mon maître. Cependant, je fais une exception en votre faveur, parce que je crois m'apercevoir, à votre style, que vous aimez pour tout de bon M. Lafontaine. Madame, c'est un grand malheur pour vous. En ma qualité de fidèle domestique, je puis vous faire des révélations que me dicte seul votre intérêt.

» M. Lafontaine est marié en troisièmes noces; il est père de sept enfants, que ses appointements suffisent à peine à nourrir. En outre, je vous apprendrai confidentiellement qu'en ce qui concerne son moral, il est accablé de rhumatismes, ce qui le fait ressembler, au déballage, à ces statuettes couvertes de fer-blanc, que vous avez sans doute remarquées dans la vitrine des bandagistes-herniaires.

» Avec lesquelles, madame, j'ai l'honneur d'être votre très-humble et très-aimable serviteur,

» ADOLPHE BROUCHICAN,

» Valet de chambre de M. Jean de la Fontaine, premier rôle du théâtre impérial du Vaudeville. »

ADOLPHE. — Eh bien?

NOUS. — C'est parfaitement rédigé, mais le fond est désolant.

ADOLPHE. — Bah ! si nous les écoutions toutes, le théâtre serait bientôt fermé ! (*Il met un œil de poudre.*)

NOUS, *avisant une feuille de papier sur la toilette.* — Un bulletin de répétition?

ADOLPHE. — Oui.

NOUS, *lisant.* — « Jeudi, 3 septembre. *La Gousse,* à quatre heures, à la Boule-Noire. » *La Gousse,* c'est sans doute une pièce nouvelle. Drôle de titre!

ADOLPHE, *riant.* — Eh! non; c'est le dîner que font ces messieurs au commencement de chaque mois. Ils appellent cela *la Gousse d'ail.*

NOUS. — Et la Boule-Noire?

ADOLPHE. — C'est le nom du restaurant où se donne le dîner, à Montmartre.

UNE VOIX, *dans le lointain.* — Julien! brute de Julien! animal! mouchard! viens-tu?

ADOLPHE. — Ah! l'acte est fini. Voilà M. Félix qui demande son coup de fer. Il est bien gai, M. Félix; il plaisante toujours.

Nous ne répondîmes pas. Lafontaine venait de rentrer. Adolphe lui présenta un verre de sirop de mûres.

Un peu moins pressé, Lafontaine procéda plus lentement à sa toilette du troisième acte, tout en causant avec nous. Lafontaine est du Midi : on s'en aperçoit à sa verve abondante et facile. Il nous rappela ses débuts en province, auxquels nous avons assisté. Quelle garde-robe étrange était la sienne alors! quels habits à la française dépenaillés! quels gilets à franges piteuses! Il a joué M. le duc de Richelieu avec une livrée rouge ; il a mis des canons à Buridan, et coiffé le Dorante des *Fausses Confidences* d'un feutre Louis XIII à plume blanche.

Nous n'avons jamais songé à cette première jeunesse de Lafontaine sans revoir aussitôt la figure de Destin, du *Roman comique* : c'était la même distinction dans la même pauvreté, la même égalité d'humeur, avec des bouffées de poésie qui faisaient légers et rapides ses dix-huit ans ! « Entrez, entrez, monsieur de Bassompierre ; nous sommes tous ici de bons *zigues* ! » comme dit l'épique Pélissier dans un vaudeville historique des Funambules.

Lafontaine, qui a trente et un ans à peine, s'est produit sur un nombre considérable de scènes, sans compter les granges. En 1848 ou 1849, il était à la Porte-Saint-Martin ; qui s'en souvient ? Il jouait dans un drame en vers dont on ne se souvient pas davantage, un drame de M. Jules Barbier, où André Chénier avait un rôle. André Chénier, c'était Lafontaine. On ne savait d'où il sortait, ni même ce qu'il disait, car il avait encore de l'*accent*. Il venait de La Rochelle, de Libourne, de Grenelle, des pays les plus extravagants. Un jour, pris d'un saint enthousiasme pour ce Frédérick Lemaître qui l'appelle son enfant aujourd'hui, il osa l'aborder dans les coulisses et solliciter humblement quelques conseils : « Allez au diable ! lui cria Frédérick avec cette voix emphatique et ces gestes de moulin à vent inspiré qui ne sont qu'à lui ; qu'est-ce qui m'a flanqué un pareil jocrisse ? Voulez-vous bien filer ! et plus vite que cela ! »

Une demi-heure d'évocations se passa de la sorte. Nos fantômes entraient et sortaient sur une ritournelle d'éclats de rire. La cloche du théâtre avertit Lafontaine que le rideau allait se relever. Cette fois, nous jugeâmes qu'il était de la convenance d'assister au troisième acte de *Dalila*, le plus dramatique de l'ouvrage, et nous passâmes dans la salle. Elle était pleine, ainsi qu'à l'ordinaire. Lafontaine eut des éclairs et des éclats, comme si l'orage qui grondait en ce moment avait passé dans ses veines ; il s'irrita, il bondit, il fit voler les portes sous ses poings fermés ; il jeta rudement à genoux mademoiselle Fargueil, qui cria vraiment ; il eut des larmes, des oppressions, des cris ; il donna l'*ut* enfin, ce fameux *ut* que tous les grands comédiens ont dans le gosier et dans le cœur !

Lorsque nous retournâmes dans sa loge pour le complimenter, elle était remplie par plusieurs personnes, entre lesquelles nous reconnûmes M. Cham ou plutôt M. de Noé, le très-fin caricaturiste, qui ressemble à un officier, grand, mince, l'œil sévère et fixe. Il y avait aussi M. Angelo de Sorr, un homme de lettres d'hier, un millionnaire d'aujou-d'hui, qui vient d'hériter à la fois de son père, d'une tante et de deux cousins.

Tout ce que nous pûmes faire, à travers cette multitude, ce fut de passer notre bras entre deux personnes et de tendre la main pour serrer celle de Lafontaine.

Tout à coup, un grand bruit se fit entendre ; la porte s'ouvrit brusquement, et le directeur du Vaudeville, M. de Beaufort, entra, rouge, haletant, furieux.

M. DE BEAUFORT, *sautant à la gorge de Lafontaine.* — Cela ne peut pas se passer ainsi ! je ne le veux pas, entendez-vous, je ne le veux pas !

LAFONTAINE. — A qui en avez-vous, mon cher directeur ?

M. DE BEAUFORT. — C'est une indignité, je dirai même plus, c'est une folie ! J'en prends à témoin tous ces messieurs.

LAFONTAINE. — Mais lâchez-moi donc !

M. DE BEAUFORT. — Non ! je vous défends de jouer comme cela ! C'est merveilleux, c'est sublime, c'est immense ! Mais vous vous éreintez, vous vous tuez ! C'était bon aux dix premières représenta-tions ; mais, à présent, pourquoi ? pourquoi ?

LAFONTAINE. — Vous m'étranglez, mon cher Beaufort !

M. DE BEAUFORT. — Je vous défends de donner

ainsi tous vos moyens, ou sinon je raye la pièce de l'affiche. Vous ne durerez pas deux ans à ce métier, et vous me ruinerez, ami ingrat! comédien admirable! (*Il s'essuie le front.*)

LAFONTAINE, *riant.* — Ce n'est que cela...

M. DE BEAUFORT.—Comment! que cela? Je vous enjoins de vous conformer à mes instructions. Je veux que vous jouiez comme tout le monde, je le veux, je l'exige! Si demain vous avez le malheur d'être aussi magnifique que ce soir, je supprime vos feux. On va commencer le dernier tableau; voyons, bâclez-moi cela, soyez calme; ne vous abîmez pas la poitrine, cela n'en vaut pas la peine, que diable! La moitié des spectateurs est déjà partie ou va partir. Lafontaine, soyez médiocre!

LAFONTAINE. — Vous le voulez bien?

M. DE BEAUFORT. — Je vous en conjure.

LAFONTAINE.—Allons, je vais essayer. (*La cloche sonne; il boutonne son habit et descend, suivi de M. de Beaufort.*)

UNE VOIX, *dans le lointain.* — Julien! ver de terre! crapaud! oison fangeux! Julien! monteras-tu?

LES BORDELAIS

LES BORDELAIS

— *Té!* Caminade!

— Bousquet, *té!*

— *Adieu;* comment tu vas?

— *Et autrement*, quoi de neuf?

Ce sont deux Bordelais qui s'accostent.

Leurs gestes, leurs clameurs remplissent la voie publique. Ils barrent le trottoir. On sent qu'ils sont chez eux, et qu'il se savent — les maîtres.

*

L'ancien Gascon n'existe plus. C'est le Bordelais qui lui a succédé.

Pour ma part, — mais pour ma part seulement, sans doute, — je regrette cet ancien type du Gascon, qui traverse de sa longue et innocente épée les XVIIe et XVIIIe siècles ; type charmant, jurant par *sandis* et *cadédis*, presque touchant sur les ruines de son *petit castel*.

Quel pourfendeur de montagnes ! Il a l'air si martial, qu'il n'ose pas se regarder dans un miroir. — Quel spadassin ! *Amorcez, je pars !...* écrit-il à un adversaire toulousain. — Quel poëte ! « L'épée d'un Gascon est la clef de l'autre monde. » — Quel amant ! Il conduit au bal une femme de qualité, vêtue en domino. « Je crains qu'on ne me reconnaisse, lui dit-elle. — Non, madame ; je vous déguise au dernier point : *on mé régarde.* »

Le Bordelais, pour être moins chevaleresque, n'en est pas moins vain. Il a gardé du Gascon le fracas des manières et l'indéconcertable assurance. Mais quelle différence dans le costume ! le Gascon n'avait qu'un habit sur lequel il n'y avait pas plus de poil que sur un œuf, un chapeau fané et des dentelles problématiques ; le Bordelais, au contraire, se distingue par ses redingotes idéales, ses bottes craquantes, ses *panamas*. Il est de tous les soupers célèbres et de toutes les premières représentations. Pourquoi ne voudriez-vous pas qu'il fût satisfait de lui-même ? Il n'y a plus un seul Bordelais misérable aujourd'hui ; le dernier est mort depuis longtemps : — il s'appelait Chodruc-Duclos.

Le Bordelais, c'est le Gascon arrivé.

L'INVASION BORDELAISE

A l'heure qu'il est, les Bordelais nous débordent ; ils se sont emparés de Paris,—comme les rats norvégiens en 1815.

L'invasion bordelaise remonte aux dernières années du règne de Louis-Philippe ; elle paraît avoir été déterminée par l'installation des chemins de fer ; aussi peut-on regarder comme ses principaux chefs les frères Pereire, et, à la suite, MM. Félix Solar et J. Mirès, rédacteurs du *Journal des Chemins de fer.*

Mais ce n'est guère que depuis dix années que cette invasion a emprunté le caractère foudroyant sous lequel elle se produit aujourd'hui. Si Bordeaux est désert, si les allées de Tourny s'endorment dans le silence, si le mince jet d'eau des Quinconces n'est plus qu'un arrosoir dans une solitude, la faute en est à cette émigration presque générale et tout industrielle.

Les Bordelais se divisent en deux classes :

1° Les israélites,

2° Les catholiques.

Les israélites *font* la Bourse; les catholiques *font* les vins.

★

Les Bordelais catholiques ont moins de relief que les juifs bordelais, — au physique comme au moral. Le plaisir semble les absorber plus particulièrement. On remarque également chez eux un esprit de famille et d'union moins développé.

Leur patriotisme est très-restreint; au vrai, nous les croyons sceptiques. — Si nous ajoutons à cette qualité négative une absence presque complète de sensibilité, nous serons certain d'avoir défini le caractère de la plupart d'entre eux.

★

L'invasion emprunte une physionomie plus accusée à la présence des Bordelais israélites dans la rue Vivienne et aux alentours de la Bourse. Ici, les visages sont basanés, les nez ont des courbes énergiques, les yeux étincellent sous des arcs noirs, les bouches sont perdues dans des barbes dont la frisure rappelle les monarques assyriens. Ces israélites sont, en majeure partie, originaires d'Espagne et de Portugal ; leurs noms sonnent comme un romancero : c'est un débordement de Lopez, de Nunez, d'Alvarès, de Rodriguez, de Henriquez, de Melendez. La rue Bouhaut tout entière — ce Ghetto bordelais — s'est répandue sur nos trottoirs.

Dès leur arrivée, les israélites bordelais se sont trouvés en antagonisme avec les israélites allemands, protégés et fortifiés par leur idole de la rue Laffitte : Rothschild. Les juifs allemands ont moins de brillant, moins d'initiative que les juifs bordelais : ils n'ont point renoncé aux gémissements des plus humbles marchands de lorgnettes ; ils accusent toujours des pertes. Mais ils connaissent l'esprit parisien mieux que personne, et, s'ils sont lents à voir, ils voient clair.

En attendant, ils laissent passer les Bordelais.

LEUR ARGOT

Les Bordelais se tutoient tous.

Leurs premières paroles, en s'abordant, c'est :

— Comment est-on ?

Ou bien :

— Qu'est-ce que tu vois ?

A moins que ce ne soit :

— Qu'est-ce que tu vois en *liqui?* (Pour liquidation.)

En outre, ils ont—surtout les plus petits d'entre les israélites de la coulisse — un vocabulaire particulier, fait pour dérouter les intrus. C'est un mélange d'espagnol, de portugais, d'arabe, de patois et d'argot.

Donnons-en un aperçu :

Jamor (prononcez *rrramor*). — Ane.

Mamzer — Mauvais homme, coquin.

Jaram (prononcez *rrraram*). — Fin ; *tu es un rrraram.*

Goye. — D'un autre culte, le chrétien ; par exemple : *le goye te mire,* le *pante* te regarde.

Gnagne.— Un imbécile, un stupide, un *gnagne;* d'où vient *faire gnan-gnan,* c'est-à-dire faire la grimace.

Bindille. — Autre injure.

Majadero. — Tracassier, assommant.

Pezado. — Lourd, ennuyeux.

Jaquette (prononcez *rrraquette*). — Qui parle toujours.

Du Manhot. — Monnaie, argent ou or.

Larguer (prononcez *rrrarguer*).—Empaumer ; *larguer le goye.*

Chetica. — Ne parle point devant lui ; tais-toi.

*

Tout le mal qu'on peut dire des Bordelais a été dit par les Bordelais eux-mêmes.

Tout le bien aussi.

Il ne faudrait pas trop s'exagérer leur habileté; elle est faite d'un peu de bonheur et de beaucoup d'audace. — Nous nous rappelons ce couplet d'une chanson de 1760, intitulée *la Chose impossible :*

Trouver des dupes à Bordeaux,
De fins matois en Picardie,
Dans la Sologne des nigauds,
De bonnes gens en Normandie,
Voir à Madrid quelque *dona*
Dont la rigueur soit invincible,
C'est la, la, la, la, la, la, la,
C'est la chose impossible.

*

Le Crédit mobilier, la Caisse des chemins de fer et la Société générale des actionnaires sont les trois principaux *nids à Bordelais.* L'accent vous y prend à la gorge, en entrant. On a tant de fois esquissé, et sous tous les points de vue, la physionomie très-distincte de chacun des directeurs de ces trois établissements, que nous n'y reviendrons pas.

Les autres n'appartiennent pas à la publicité.

*

Un trait caractéristique des Bordelais, c'est qu'ils ne peuvent prononcer une phrase sans l'accompagner d'un juron quel qu'il soit. Il y en a qui poussent l'accompagnement à un degré formidable. Ainsi, il n'est pas rare de surprendre des dialogues dans le goût de celui-ci :

— Te voilà, f.....! Comment tu la passes, nom d'un D...! Il y a une éternité qu'on ne t'a vu, b..... d'huître !

— Moi, je vais très-bien, f.....!

— Qu'est-ce tu f... ici?

— Je fais les vins ; voyons, as-tu besoin d'une bonne barrique, sacrée andouille?

C'est amical et tempétueux à la fois.

*

Ils aiment assez à se donner entre eux des sobriquets — ou *chuffres*, — selon leur expression. Passez devant le Vaudeville, et vous entendrez souvent appeler : — *Collerette*, — *l'Archevêque*, — *Perruque*, — *l'Oignon*, — *Chinois*, — *l'Africain*, — *Cheval*, etc.

*

SUR LE BOULEVARD

MAUCOUDINAT. — Quelle chaleur, dis donc !

TRONQUEYRE. — Tu trouves ? Il fait bien plus chaud que ça, à Tourny.

MAUCOUDINAT.—Si nous prenions quelque chose ?

TRONQUEYRE.—Ils n'ont rien de bon ici. Ce n'est pas comme au *Café de Bordeaux*. A propos du *Café de Bordeaux*, le propriétaire m'a dit de te réclamer, si je te voyais, soixante-quinze francs que tu lui dois, d'une ancienne note.

MAUCOUDINAT. — Quelle note ? est-ce que c'est qu'il est fou ?

TRONQUEYRE. — Tu comprends : je lui ai dit que cela ne me regardait pas, que ce n'étaient pas mes affaires, et qu'il aille se promener, et plus vite que ça encore ! Je fais sa commission, voilà tout. As-tu un cigare ?

MAUCOUDINAT.—Je fume mon dernier. (*Silence.*)

TRONQUEYRE.—*Té ! pige*-moi Claverie qui passe.

MAUCOUDINAT. — Qui ça, Claverie ?

TRONQUEYRE. — Claverie.

MAUCOUDINAT. — Claverie, de la Rousselle ?

TRONQUEYRE. — Eh ! non. Claverie, du Chartron.

MAUCOUDINAT.—Et qu'est-ce qu'il *faite* à Paris, Claverie?

TRONQUEYRE. — Il est dans une raffinerie.

MAUCOUDINAT. — Tu blagues!

AU RESTAURANT

CARBONAC. — Tu vas voir comme je vais te les clouer, à tes restaurants de Paris. Écoute un peu. (*Appelant.*) Le garçon! le garçon!

LE GARÇON.—Voilà, monsieur! Vous avez commandé quelque chose?

CARBONAC. — Le garçon, avez-vous du poisson frais?

LE GARÇON.—Très-frais, oui, monsieur, excessivement frais.

CARBONAC. — Oh! très-frais! très-frais! on ne m'en fait pas accroire, à moi! Je suis du pays du poisson, moi. Et d'où vous le tirez, votre poisson?

LE GARÇON. — D'où nous le tirons?

CARBONAC.—Oui, d'où vous le tirez? Nous allons voir.

LE GARÇON. — Dame, monsieur, nous le tirons de la Seine, si c'est du poisson d'eau douce, et de la mer, si c'est...

CARBONAC. — Est-ce que ça existe, votre Seine? qu'est-ce que c'est que ça, que la Seine? On n'y pêche que des blanchisseuses. Regardez-moi, le garçon : je veux vous envoyer du poisson, moi, du vrai poisson, comme vous n'en avez jamais mangé. Entendez-vous?

LE GARÇON. — Oui, monsieur. Le patron vous sera certainement fort obligé... Est-ce tout ce que monsieur désire?

CARBONAC. — Donnez-moi un *biftecque*.

ENCORE AU RESTAURANT

MAILLAC.—Dis donc, ça ne vaut pas notre *confit* de Bordeaux.

FRIGOUSSE. — *Annéféte!* (pour : en effet).

MAILLAC. — Et nos *royans*, qu'est-ce que tu en dis?

FRIGOUSSE. — Et nos *cèpes!*

MAILLAC. — Est-ce que tu l'aimes, toi, leur bourgogne?

FRIGOUSSE. — Tu m'embêtes! c'est fait avec du *trois-six*.

AVEC UNE FEMME

LAROQUE, *exaspéré*. — *Crante* francs ce chapeau!

EMMA. — Mais, mon ami, ce n'est pas cher, je t'assure.

LAROQUE. — *Crante* francs ce chapeau !

EMMA.—Eh ! oui, quarante francs. Qu'est-ce que tu vois donc là de si extraordinaire? C'est ce que coûte la moindre capote aujourd'hui. Informe-toi plutôt.

LAROQUE. — Allons, dis tout de suite que je suis un imbécile. *Crante* francs les chapeaux des femmes, à présent ! Merci ! Chez nous, on te les a pour quinze francs, rue Sainte-Catherine, et ils font toute la saison.

EMMA. — Chez toi, c'est possible ; mais ici...

LAROQUE. — Tiens, veux-tu que je te dise?... avec ton chapeau, tu me fais suer !

*

Puisque nous venons d'avancer un pied dans le demi-monde, constatons que le Bordelais y est bien reçu, — mais comme ami.

Il passe difficilement auprès de ces dames pour un *homme* sérieux.

Une remarque pour finir.

Bordeaux envoie à Paris très-peu d'ouvriers, — et point de domestiques.

LA BOÎTE AUX LETTRES

LA BOITE AUX LETTRES

(Un salon élégant, et, dans ce salon, un homme riche
qui s'ennuie, un livre à la main, les pantoufles ap-
puyées sur les chenets d'une cheminée où soupire,
en se consumant, une bûche écarlate. Deux heures
et demie du matin.)

L'HOMME RICHE, *seul; il essaye de lire.* — Pas
un mot de vérité ! toujours d'impossibles fictions !
Les romanciers, depuis que Balzac n'est plus, ont
complétement oublié leur métier. Je ne continuerai
pas. (*Il ferme le roman.*) L'idée que j'ai eue aujourd'hui me récréera peut-être pendant quelques
instants. Je saisirai probablement quelque détail

de mœurs ignoré; je prendrai sur le fait un sentiment, un caractère. Dans tous les cas, cela me fera
toujours passer une heure ou deux, comme dit
le juge Dandin à propos de la question. Mais ces-
sons de parler haut : j'aurais l'air d'un acteur. (*Un
domestique entre, apportant un amas de lettres
dans une coupe.*)

L'HOMME RICHE. — A-t-on exécuté mes ordres,
Jean?

LE DOMESTIQUE. — Oui, monsieur; et voici le
contenu tout entier de la boîte aux lettres du coin
de la rue Richelieu.

L'HOMME RICHE. — C'est bien; posez cela là-dessus.

LE DOMESTIQUE.—Nous avons eu un peu de mal,
comme monsieur le pense bien. Le garçon épicier
qui dort dans l'arrière-boutique a entendu le bruit
que nous faisions et est accouru; mais le coup était
terminé; Georges et moi, nous avons pu regagner
l'hôtel sans rencontre.

L'HOMME RICHE. —Vous ne vous coucherez pas;
vous resterez dans le cabinet à côté. Apprêtez de
la cire. Il faudra, bien entendu, recacheter toutes
ces lettres et les aller jeter à la grande poste. Je
vous sonnerai.

LE DOMESTIQUE. — Oui, monsieur. (*Souriant.*)
C'est égal, c'est tout de même un drôle de métier
que monsieur nous a fait faire ce soir.

L'HOMME RICHE, *prenant deux billets de banque dans un portefeuille; il en donne un au domestique et jette l'autre dans le feu.* — Voilà ce que votre observation vous fait perdre.

LE DOMESTIQUE. — Monsieur est bien bon. (*Il salue et se retire.*)

L'HOMME RICHE, *seul.* — Allons, cette fois, je tiens la vérité au fond de cette coupe. Intérêts, passions, douleurs, espérances, vices et vertus, qu'allez-vous me dire? qu'allez-vous m'apprendre ou me désapprendre? Substituons-nous un moment au cabinet noir : sachons ce que pense et ce que fait, le même jour, à la même heure, une partie de la population parisienne. (*Il se met à ouvrir les lettres.*)

I

A M. Ernest Cosson, rue Villedo, n° 9.

Monsieur,

Voilà déjà deux mois que vous m'avez promis de venir solder votre note et je vous attends toujours. Vous m'avez dit, quand je vous ai rencontré dans le passage du Saumon, que vous attendiez de de l'argent de chez vous. Ce n'est pas comme cela qu'on agit. Me trouvant avoir beaucoup à payer à la fin du mois, je vous prie donc de passer à la maison, au reçu de celle-ci, car je ne peux pas attendre plus longtemps. Vous verrez sur ma note, que je joins à celle-ci, que je ne vous avais compté qu'un ressemelage à 2 francs, tandis que j'avais oublié les bottines de votre dame, ce qui fait 4 fr. 50 c. Je vous engage à vous éviter des désagréments, étant sûr qu'une personne honnête n'aime pas faire courir le monde et travailler à perte, dans une partie aussi ingrate comme la nôtre.

J'ai l'honneur de vous saluer avec respect.

LEVADOU,
Rue de la Sourdière, 21.

II

A M. Albert Monnier, rue de Crussol, 6, en ville.

Onze heures du soir.

Mon petit, je viens de rentrer chez moi. J'ai pensé à notre plan tout le long du chemin. Il ne faut pas décidément que ce soit Gustave qui provoque le comte; il vaut bien mieux que ce soit sir Lionel. Comme personne ne s'y attendra et que sir Lionel a été posé en personnage muet, cela fera un effet à tout casser. Tu vas voir. D'abord, je crois que nous ferons bien de supprimer la scène du parc. Y tiens-tu beaucoup, à la scène du parc? Charles aura trouvé tout simplement la lettre de la comtesse dans la chambre de Gustave; mais il aura été vu par sir Lionel. Comment? Je n'en sais rien encore; nous aurons à chercher cela. D'un autre côté, c'est Albertine, et non Clara, qui aura donné le rendez-vous à Gustave... Attends! attends! cela ne change rien, tu vas comprendre. Albertine a connu Gustave chez sa tante, une douairière quelconque, l'été dernier; il y a eu des fêtes dans un château, et c'est là qu'elle a perdu le carnet qui contient la preuve de la loyauté du comte. Sir Lionel l'aime en secret, comme dans notre premier plan, et nous ne touchons pas du tout à la scène de l'échelle. Je garde aussi la présentation au comte; mais nous aurons absolument besoin d'un domestique pour lier les scènes, comme on a besoin d'un œuf pour lier des sauces.

Enfin, cela marche et c'est le principal; j'en suis bien content, car je me demandais comment nous pourrions sortir de ce sacré deuxième acte. Sir Lionel est une trouvaille, quoique je n'aime pas beaucoup ta manière de l'introduire dans le bal; c'est original, je le sais, mais c'est dangereux. Je préférerais un dîner; c'est aussi animé qu'un bal, et on a la ressource de faire tomber une assiette des mains du comique, au moment où l'on annonce sir Lionel. De cette façon, l'entrée est faite et le danger est esquivé avant que le public se soit aperçu de l'invraisemblance du moyen. Tu réfléchiras. Il faudrait voir aussi à faire venir un peu le rôle de Clara, que la femme de Montigny prendrait peut-être, ce qui serait excellent pour nous.

Voyons-nous demain au café Mazarin, c'est indispensable. Il paraît que Nus a trois actes avec Dennery, et il pourrait bien nous passer sur le corps. On n'a pas pu me dire au juste ce que c'était; Monval croit que c'est de la poudre. Si c'est de la poudre, cela nous est égal; mais je ne serai tout de même complétement tranquille que lorsque nous aurons lu, parce que je sens que notre idée est dans l'air. A demain, au café, à trois heures, et même avant si tu peux, cela ne fera pas de mal.

Tout à toi, toc! toc!

ÉDOUARD.

P. S. Vois Porcher pour ce que tu sais! Je ne doute pas de son obligeance.

III

A M. Déon, passage Violet, n° 7 ou 9, à Paris.

Monsieur,

Je ne cé quel opignion vous devé avoir de moi. Mais vous serié bien aimable de me fer une petite visitte. On me trouve toujour ché moi aleurre du diné, et je vous attendré demain. Il est inutil de dire à la consierge où vous allez. Je demeure rue de Grammont, nᵒ 33, dans la méson du crémier, au cinquaîme, à gauche; le corridort forme un quoude; après le quoude, c'est la segonde porte à gauche, ou il y a écrit *Naïs*.

Je suis, monsieur, en atendent le bonheur de votre visitte et dans cette spoire,

Votre servante,

MADAME DE BERGERAC.

IV

.

A madame Constant, rue Oudinot, 29, en ville.

.

Il faut, Mathilde, que tu me rendes un service. Tu verras Paul demain ; dis-lui que j'ai passé avec toi la soirée d'hier, jeudi, que nous sommes sorties en voiture et que nous sommes rentrées par le quai d'Orsay. Par le quai d'Orsay, c'est l'important. On m'a vue, mignonne, et tu sais le caractère inquiet et en dessous de mon mari. Il ne t'interrogerait pas ; va au-devant de ses questions.

Ah ! Mathilde, je suis bien malheureuse ! Si tu savais les nouvelles complications !... Que tu avais raison, il y a deux mois, et combien j'ai été folle de ne pas l'avoir écoutée! Je m'en repens de toutes mes forces à présent; mais il est trop tard; et, dussé-je rouler jusqu'au fond de l'abîme, j'y roulerai, pourvu que ce soit avec lui!

Brûle ma lettre.

FANNY DE H.

V

A Madame Cheneau, à Saint-Pierre-les-Hauteaux, par Auxerre (Yonne).

Ma chère maman,

Je suis aux cent coups de ne pouvoir pas t'envoyer tout de suite l'argent que tu me demandes par ta lettre du 28 de ce mois. Le blanchissage ne va pas, parce que le monde n'est pas encore revenu de la campagne. Madame Philippe, qui est pourtant une brave femme et le cœur sur la main, n'a pas pu m'avancer une semaine; elle m'a dit d'attendre à mercredi. Attendre avec une petite fille et ne faire que des demi-journées! Ça ne serait rien encore, si j'avais de la santé; mais les reins ont recommencé à me faire mal, et avec ça des étouffements qui me durent quelquefois toute la nuit.

La petite devient bien gentille, excepté qu'il lui

est venu des feux sur la figure depuis huit jours ; mais le pharmacien m'a dit qu'il ne fallait pas s'en inquiéter, que cela passerait tout seul. Je crois que c'est la nourriture ; Céline n'aura pas un bon estomac, elle aime mieux manger son pain sec qu'avec du hareng ou des radis noirs. Elle me dit d'envoyer des baisers à sa bonne grand'maman de Bourgogne, qu'elle ira voir au printemps prochain. Elle a bon cœur et ne se plaint jamais, quoique la pauvre enfant en ait souvent l'occasion. A la Saint-Charles, elle aura huit ans : c'est tout mignon, un corps blanc comme la neige. J'avais peur qu'elle ne fût nouée ; mais, depuis sa dernière maladie, elle s'est bien développée ; c'est une grande fille, à présent. Elle aura tes yeux, mais, pour le reste, son père tout craché ; et cette ressemblance me met souvent les larmes aux yeux, comme tu penses. Alors, je lui dis : « Céline, va jouer en bas. »

A propos de son père, j'ai eu une bien malheureuse idée le mois dernier. Tu sais que je ne peux pas m'habituer à l'abandon de cet homme qui m'a tant aimée et que j'ai vu pleurer si souvent à mes genoux. J'ai beau me faire une raison, c'est plus fort que moi. J'ai donc eu l'idée d'habiller la petite en bouquetière et de lui acheter des violettes ; je lui avais mis sur la tête le petit bonnet que tu lui as envoyé au premier de l'an, et c'était le coiffeur qui avait arrangé ses cheveux ; mais, depuis, je les ai fait couper, car elle en avait trop et ça la fatiguait. Enfin, elle était jolie à croquer, et tu aurais ri de voir ses petites coquetteries déjà.

Nous sommes sorties toutes deux à trois heures et nous avons été nous poster dans le faubourg Saint-Honoré. J'avais choisi un beau temps. Quand j'ai vu la porte cochère s'ouvrir et lui tout seul dans sa voiture, j'ai dit vite à Céline de courir dans l'avenue Marigny et de lui présenter toutes ses violettes en disant : « C'est de la part de Louise! »

Elle savait bien sa leçon, la petite futée! elle a fait arrêter la voiture; il a pris son bouquet avec étonnement et lui a donné un louis. De loin, je le regardais; j'avais la bouche dans mon mouchoir. En rentrant chez nous, j'ai dit à la petite : « Ce sera pour ta bourse, ma chérie. »

Ah bien, oui! la misère?... Le surlendemain, il a fallu changer la pièce.

Mais voilà le pire, ma chère maman. J'ai voulu recommencer onze jours après. Madame Philippe avait bien voulu, cette fois, me prêter une robe claire à sa fille, qui est de l'âge de la mienne. J'ai attendu une heure dans l'avenue. «Tiens! le voilà!» lui ai-je dit, pendant que mon cœur sautait et m'étouffait. Elle a couru comme l'autre fois, elle criait, elle tendait ses fleurs; mais le cocher l'avait reconnue, et il ne voulait pas arrêter. La petite y a mis de l'entêtement; elle a cramponné ses pauvres doigts à la portière, elle s'est accrochée et a vidé ses fleurs dans la voiture. Je lui criais : « Reviens! reviens! » C'est peut-être ça qui lui a perdu la tête. En lâchant, elle est tombée sur le pavé et s'est fait, au front, une bosse grosse comme le poing. Elle n'a pas souffert sur le moment; mais il lui prend quelquefois des douleurs qui doivent venir de là. M. Herel, notre voisin, m'a recommandé de soigner ça, parce que, dit-il, il pourrait bien lui venir un dépôt.

Tu le vois, nous ne sommes pas nées sous une bonne étoile, maman. Du reste, cette chère Céline n'a pas de rancune; et même, en portant la main à sa pauvre petite tête et en se plaignant, elle me parle de son papa, qu'elle trouve bien beau et bien babillé. Ah! si elle l'avait connu il y a six ans! il était bien plus beau encore. Quelquefois je me demande si je n'ai pas eu des torts envers lui, mais je ne trouve rien. Que Dieu lui pardonne!

Mercredi, je ferai tout mon possible pour t'envoyer sept francs par la poste; tâche que cela te conduise jusqu'à la fin du mois. Voici l'hiver, où tout va doubler : il va falloir de la chandelle et du feu. Mes meubles sont restés rue des Barres-Saint-Paul, en garantie des deux derniers termes; je les retirerai en donnant des à-compte, à tant par mois. La petite couche par terre, ce qui n'est pas

bon pour elle. Enfin, il ne faut pas se déses-
pérer.

Je ferme ma lettre en t'embrassant de tout mon
cœur, et Céline aussi, qui fait sa prière chaque soir
pour sa grand'mère.

Ta fille dévouée,

LOUISE CHENEAU.

A présent, rue des Moineaux, 1 ; adresse tes
lettres à M. Vidry, marchand de charbon, pour
remettre à madame Cheneau.

V

Un lot de lettres de commerce ;

Dix-huit demandes de secours à M. Mirès ;

Autant à M. Millaud ;

Quatre rendez-vous demandés par des femmes à
Apollon-Rothschild ;

Une provocation envoyée à M. T. par M. M.;

Un avertissement officieux envoyé par le même
M. T. à la préfecture de police ;

Un billet de M. Roger de Beauvoir à l'administration du chemin de fer de Strasbourg ; réclama-
tion d'un panier de cinquante bouteilles de Champagne ;

Une déclaration d'amour d'un marchand de
graines oléagineuses à madame Rosati.

Des fragments de *la Nouvelle Héloïse* adressés poste restante.

(Il est trois heures et demie du matin. L'homme riche n'a pas le courage d'en lire davantage ; il va pour sonner ; mais, auparavant, il prend une enveloppe, glisse dedans un billet de mille francs, et écrit sur l'adresse : — A madame Louise Cheneau...)

LE DOMESTIQUE, *entrant.* — Monsieur a sonné ?

L'HOMME RICHE. — Non ; mais restez.

LE DOMESTIQUE. — Oui, monsieur.

L'HOMME RICHE, *finissant d'écrire.* — Recachetez ces lettres avec soin et allez, comme je vous l'ai dit, les jeter rue Jean-Jacques-Rousseau.

LE DOMESTIQUE, *désignant la lettre que ferme en ce moment l'homme riche.* — Celle-là aussi ?

L'HOMME RICHE. — Celle-là surtout. Allez. (*Le domestique sort. Seul, l'homme riche allume un cigare, fait plusieurs tours dans le salon et réfléchit. Il est sur le point de proférer un bon mot ou une moralité, mais il s'arrête.*) — Non; j'aurais l'air de terminer un article de journal.

LES VOYOUS

LES VOYOUS

Aux Saumaises futurs préparer des tortures.
                                    BOILEAU.

UGÈNE. — Qué que tu fais-là ?

ERNEST. — J'attends Mille.

UGÈNE. — T'es donc toujours avec elle ?

ERNEST. — Avec qui que tu veux que je soye, donc ? Est-ce que ça te fait loucher ? Faut le dire.

UGÈNE. — Merci ! tu n'es pas rageur ; je t'arrête pour le demi-terme.

ERNEST. — Je suis comme je suis ; c'est pas une raison pour me bêcher à cause de Mille.

UGÈNE. — Qué qui te bêche?

ERNEST. — Toi... et les autres. Si j'ai un béguin [1] pour Milie, ça ne regarde personne. Il n'y a pas besoin de patente pour avoir une inclination. Je te reproche pas Joséphine, moi.

UGÈNE. — Veux-tu que je te dise? Tu as un cheveu [2].

ERNEST. — Eh ben, oui, j'ai un cheveu. Après?

UGÈNE. — Après? Milie veut te lâcher.

ERNEST. — Qui t'a dit ça?

UGÈNE. — Je le sais, v'là tout.

ERNEST. — C'est Léon. Il était hier soir avec elle au Géant [3]. Je l'ai appris par les camarades de l'atelier, qui ont voulu me blaguer. Je suis bon enfant, mais j'aime pas la blague sur les femmes. Quand j'ai vu qu'ils me mécanisaient, j'ai dit : C'est bon! et je suis venu me ballader sur le trottoir, où j'attends Milie à passer.

UGÈNE. — Pourquoi faire?

ERNEST. — Une idée comme ça. Je veux l'inviter à une chouette danse.

UGÈNE. — Du tabac [4]?

ERNEST. — Tout de même.

---

[1] Un caprice, *un coup de soleil*.
[2] Une inquiétude.
[3] Le *café du Géant*, sur le boulevard du Temple.
[4] Des sévices.

UGÈNE. — T'as tort.

ERNEST. — J' dis pas, mais je suis butté. Pourquoi qu'elle va au café-concert?

UGÈNE. — Si elle aime la musique, c'te femme!

ERNEST. — As-tu fini? Si tu comprends pas ça, t'es pas un homme, vois-tu.

UGÈNE. — Je suis un homme autant que toi, et je laisse aller Joséphine au bal Bourdon. Faut avoir confiance... Et puis j'aime mieux jouer la poule.

ERNEST. — Parce que t'es un gouapeur. Mais ceux qui préfèrent le sentiment à la gouape, c'est pas ça. On a de la moelle ou on n'en a pas. T'as jamais eu de moelle pour un décime.

UGÈNE. — Possible. Mais je n'ai jamais de chahut [1] avec Joséphine comme toi avec Milie. Quand je rentre un peu éméché [2], après minuit, elle me dit : « La cruche est dans le coin ; éteins-toi. » Eh ben, c'est une épouse, ça, que je dis. C'est pas de ces carcans à quernoline, qui balayent le macadam. Aussi qué qui a des égards pour elle? C'est moi. Je lui paye son garni de la rue Ménilmontant, un poussier de quinze balles par mois. Excuso!

ERNEST. — Eh ben, et moi, je ne lui paye peut-être pas son bahut, à Milie? Quoi qu'elle a à se

[1] Querelle.
[2] Gris, *allumé*.

plaindre? Si je me rince la corne [1] quelquefois
chez le mastroquet [2], c'est pour me consoler. De
quoi! on a ses potins [3] comme tout le monde. C'est
pas une raison pour vous faire des scènes tous les
jours et vous appeler muffe?

UGÈNE. — Elle t'a appelé muffe.

ERNEST. — Lundi; tu vas voir. Il me restait encore quatre francs de ma paye; j'avais chauffé le
four [4] depuis samedi, et j'allais rentrer chez Mille
quand je rencontre Todore.

UGÈNE. — Un puant!

ERNEST. — Il me demande si je veux m'humec-
ter. Je lui dis comme ça que j'ai mon casque [5]. Il
me répond qu'un casque de plus, ce n'est pas ce qui
nuit à la considération de l'honnête ouvrier, et il
offre une tournée au *café Robert*. Qué que tu aurais
fait à ma place? Tu lui aurais rendu sa politesse.

UGÈNE. — Plus souvent! à un daim de ce ton-
neau! Rasoir!

ERNEST. — Je paye le noir [6] et le mêlé, et je

---

[1] *Se rincer la corne*, se griser.
[2] Le marchand de vin.
[3] Embarras.
[4] Bu à l'excès.
[5] *Avoir son casque*, ou *sa casquette*, ou *son jeune homme*, ou *son coup de gaz*, être gris.
[6] Café.

m'enfile de douze sous. Je voyais ben qu'il était poivre [1] lui aussi; mais ça ne me regardait pas, pas vrai?

UGÈNE. — Ça te regardait, sans te regarder. Puisque tu en avais plein le boudin [2]!

ERNEST. — Dame! on ne crache pas sur la consommation. A quoi ça m'aurait avancé de faire ma Sophie [3]? Todore fait venir deux lavements au verre pilé [4], que nous avalons en douceur. Pour ne pas rester en affront, je propose l'absinthe; c'était l'heure : six plombes, quinze broquilles [5]; si ça n'avait pas été l'heure, j'aurais reniflé dessus. Robert nous apporte deux bavaroises aux choux... [6] c'était ça... presque aussi bath [7] qu'au *Champ de navets* [8]. Nous en étouffons encore deux autres; après quoi, j'avais mon affaire, la, dans le solide. J'y voyais en dedans. Todore parlait pu. Robert, qui voit que nous avons fini de faire aller le négoce, nous dit à tous les deux :

[1] *Être poivre, être gris.*

[2] Idem.

[3] Faire des façons.

[4] Deux petits verres d'eau-de-vie.

[5] Six heures un quart.

[6] Deux verres d'absinthe anisée.

[7] Bon.

[8] Ancien bal-cabaret situé autrefois sur l'emplacement de la caserne du Château-d'Eau.

« C'est pas tout ça ; vous avez votre cocarde [1], y faut éclairer [2]. C'est six francs, sans compter la casse. » Je dis à Todore : « Vas-y de ta part. » Todore me répond : « J' suis malade. »

ÙGÈNE. — Des emblèmes !

ERNEST. — Je te le secoue, il tombe sous la table, en disant : « J'veux un flacre. » Moi, ça commençait à me fendre l'arche [3]. Je lui dis : « Pas de bêtises, mon vieux ! ça ne serait pas à faire ; blague dans le coin, t'es malade, mais paye ta moitié. »

UGÈNE. — Malade du pouce ; ça empêche les ronds de glisser.

ERNEST. — Sais-tu ce qu'il me répond. « Et ta sœur [4] ! »

UGÈNE. — J'aurais cogné.

ERNEST. — Robert voit le flanche [5] et dit : « Il faut le fouiller. » Todore voulait pas se laisser faire, mais je lui appuie le genou sur l'estom et je lui nettoie [6] sa pelure du haut en bas. J'trouve une demi-veilleuse [7].

[1] Vous êtes gris.
[2] Payer.
[3] Cela m'ennuyait.
[4] Intraduisible.
[5] La malice.
[6] Je le fouille.
[7] Une pièce de cinquante centimes.

UGÈNE. — Oh ! la la !

ERNEST. — Robert dit : « Je suis levé [1] ! » et il nous appelle filous. Je suis obligé de me lâcher de ma douille [2], en marronnant. Après ça, nous nous cavalons, moi et Todore, du côté du Temple, en pinçant un feston un peu fiscal [3]. Arrivé devant le liqueuriste : *A la petite chaise*, il me dit : « Pourquoi que la colonne de Juillet remue quand il fait du vent ? » Je lui réponds que ça m'est égal. Là-dessus, v'là mon Chinois qui se fâche et qui me reproche d'avoir payé au *café Robert*, vu que ça l'humille dans sa dignité. Je l'envoie à la balançoire. Il se monte et veut me passer la jambe. Je dis : « Ça va cesser, n'est-ce pas ? » et je lui détache un coup de pinceau sur la giberne [4]. Il veut repiquer de la même pour le second rampeau [5]. « T'en a pas assez ? que je lui dis. J'en tiens un assortiment dans les prix de fabrique. » Et je m'allonge. Mais v'la-t-il pas ma patte gauche qui lâche le trottoir ; je m'étale et je me dégrade le portrait [6].

UGÈNE. — Et Théodore ?

ERNEST. — Todore ? Il avait été donner de la tête

[1] Floué.
[2] Argent.
[3] En marchant de travers.
[4] Un coup de pied au...
[5] Terme de savate.
[6] La figure.

dans la boutique du liqueuriste; c'était pas volé. On l'a collé au dépôt. Moi, je suis rentré chez Milie, en prenant par la barrière du Maine. Et v'là pourquoi elle m'a traité de muffe.

UGÈNE. — C'est différent; t'as raison, alors. Y faut la balancer [1].

ERNEST. — Tiens! Pavard qui passe; appelonsle. — Hé! Pavard! brrrrrrrr! pil-ouittt! pilouittt!...

[1] Congédier.

BALLADES PARISIENNES

BALLADES PARISIENNES

I

L'AURORE

L'aurore! Ah! oui, une jolie chose, à Paris!

C'est d'abord la lutte muette et sinistre du noir et du bleu, entre deux hautes rangées de maisons. J'habite dans le faubourg Poissonnière; et quelquefois, de ma fenêtre, j'assiste à ce spectacle. La vapeur ténébreuse saisit mes mains, lorsque je pousse mes persiennes, qui cèdent en se plaignant. Il me semble que je me réveille dans un grand puits. J'ai le frisson.

L'aurore! Ah! oui, une jolie chose, à Paris!

6

Cependant, les masses commencent peu à peu à prendre du relief. Le coin de rue s'accuse. Je distingue les enseignes. Je lis : *Gilet, bottier,* en lettres jaunes. A côté : *Café de l'Union ;* au-dessus : *Emy et Cie, fournitures pour tailleurs.* Du reste, aucun bruit ; pas un murmure. Je suis bien seul. Une lueur maussade s'étend sur le ciel engourdi, qui cesse de peser sur la terre et qui s'élève.

L'aurore ! Ah ! oui, une jolie chose, à Paris !

La première boutique qui s'ouvre est celle du marchand de vin ; un garçon transi essuie le comptoir de plomb. Presque aussitôt, j'entends tomber lourdement les volets du boulanger. La vie va commencer : le pain et le vin sont en présence.

L'aurore ! Ah oui ! une jolie chose, à Paris !

Voici l'armée des balayeuses. Leurs grands balais traînent avec un son monotone sur les pavés qu'ils essuient ; on dirait les ailes d'une chauve-souris battant un mur. Les balayeuses ne voient rien, n'entendent rien ; elles sont tout à leur tâche ; elle se parlent à peine. — Un inspecteur passe, s'arrête, les regarde et continue sa route. Les balais vont toujours.

L'aurore ! Ah ! oui, une jolie chose, à Paris !

Il ne fait pas encore tout à fait clair là-haut ; il fait pâle. Aux maisons d'en face, quelques rideaux ont été écartés. Je vois se soulever les vitrages des

chambres à *tabatières*, où couchent les cuisinières.
— En bas, les chiens errants reprennent leur course
à travers les ruisseaux. La première charrette se
montre.

L'aurore! Ah! oui, une jolie chose, à Paris!

Les ouvriers se rendent au travail, farouches et
tenant sous le bras, comme une conquête, un mor-
ceau de pain enveloppé dans un mouchoir de cou-
leur. Ils marchent hâtivement, isolés. Des laitières
s'installent à leur place accoutumée, sous les portes
cochères. L'air fraîchit; les cheminées fument.

L'aurore! Ah oui! une jolie chose, à Paris!

Un *pochard* rentre chez lui. Il a les yeux rougis
par la veille; son chapeau a dû se heurter contre
un plafond trop bas; aux coudes de sa redingote,
on voit des traces blanchâtres : il s'est frotté, sans
doute, aux parois d'un escalier. Ce *pochard* a l'air
bon, d'ailleurs; il respire bruyamment et fait
des haltes pendant lesquelles il parle tout haut et
lève les yeux au ciel. — Il n'est pas encore malade,
mais il le sera dans une heure; que la morale se
rassure!

L'aurore! Ah! oui, une jolie chose, à Paris!

C'est fini : voici la lumière; voici l'aurore.

Elle va teindre de nuances diamantées les murs,
les vitres sales, les trottoirs, les annonces, les
tuyaux de plomb. Il va resplendir, le faubourg
Poissonnière!

L'aurore ! Ah ! oui, une jolie chose, à Paris !

C'était une déesse autrefois. Les poëtes lui prêtaient des doigts de rose, qui lui servaient, selon eux, à ouvrir les portes de l'orient. Elle était jeune, elle était belle, et elle avait un vieil époux. — Il me plaît de voir là dedans un symbole, et d'imaginer que Tithon s'appelle à présent Paris.

II

LES COULISSES DU TRAVAIL

Je suis du nombre des écrivains qui aiment à travailler dans les endroits publics.

Je vais expliquer pourquoi. L'idée d'un cabinet orné de tous les attributs de l'étude et la perspective de plusieurs heures d'isolement me remplissent d'horreur. Je me considère alors comme un médecin, ou comme un bureaucrate, ou comme un avocat; enfin, il me semble que j'exerce une profession quelconque. La pendule et moi, nous nous regardons avec un vague sentiment de haine, je crois l'entendre me dire avec son timbre impérieux : « Il ne faut pas que tu sortes, il ne faut pas que tu bouges; accomplis ton devoir; dépêche-toi, je te surveille. »

Je suis du nombre des écrivains qui aiment à travailler dans les endroits publics.

Il est matin; je descends paresseusement les quais. Où travaillerai-je? Cette seule préoccupation est déjà un plaisir. Ordinairement, je me décide pour un café, mais spacieux, élevé, avec des divans sur lesquels je puisse m'étendre à l'aise. « Qu'est-ce que veut prendre monsieur? » me dit le garçon. A la bonne heure ! celui-ci ne parle pas comme ma pendule. Il m'apporte avec empressement sur un plateau ce que j'ai demandé au hasard; quelquefois c'est une drogue étrange, dont le nom vient de se révéler à moi tout à coup :

Brou de noix ;

Crème de céleri ;

Vespétro ;

Liqueur des braves ;

Ruisseau de Dieu, etc.

Après avoir considéré avec intérêt le petit verre teint de rouge ou de jaune que le garçon a déposé devant moi, je demande... du papier et de l'encre.

Je suis du nombre des écrivains qui aiment à travailler dans les endroits publics.

Si l'on cause à mes côtés, cela m'est égal; si l'on m'examine avec curiosité, cela ne me fâche pas. Le bruit des dominos me réjouit à l'égal d'un accompagnement; je sais que je suis dans un lieu de plaisance, cela suffit pour me mettre en gaie humeur. Peu m'importe que la plume soit mal taillée, l'encre trop blanche, le papier trop mince ; mon esprit qui s'éveille dédaigne toutes ces misères, qui, dans mon logis, seraient des tortures. La dame de comptoir, qui me voit sourire, n'y comprend rien du tout.

Je suis du nombre des écrivains qui aiment à travailler dans les endroits publics.

Au Palais-Royal, il y a de grands, d'immenses cafés, qui sont assez solitaires vers le milieu du jour. Un garçon, armé d'un couteau, divise avec équité les morceaux d'un pain de sucre ; un autre verse des gouttes d'eau de fleurs d'oranger dans une multitude de petites fioles ; plus loin, c'est une habile *repriseuse,* qui raccommode le tapis d'un billard. Ce calme me plaît, pourvu qu'il s'y mêle un beau rayon de soleil en été ou le grondement d'un brave poêle en hiver.

Je suis du nombre des écrivains qui aiment à travailler dans les endroits publics.

Peut-être serai-je bête comme une oie dans ce que j'écrirai sur cette table de café ; mais qu'est-ce que cela fait ? Il y a longtemps que j'ai renoncé à avoir du génie. Pourvu que je détermine un sourire de temps en temps, que j'excite une surprise ou un imperceptible et fugitif mouvement de sympathie, c'est assez pour moi. Le reste ira tout seul ; et, malgré mes inégalités, les classificateurs de l'avenir, en quête de papillons pour leurs longues épingles, me rangeront dans le sous-genre des amuseurs.

Je suis du nombre des écrivains qui aiment à travailler dans les endroits publics.

LE POËME DU CRÉANCIER

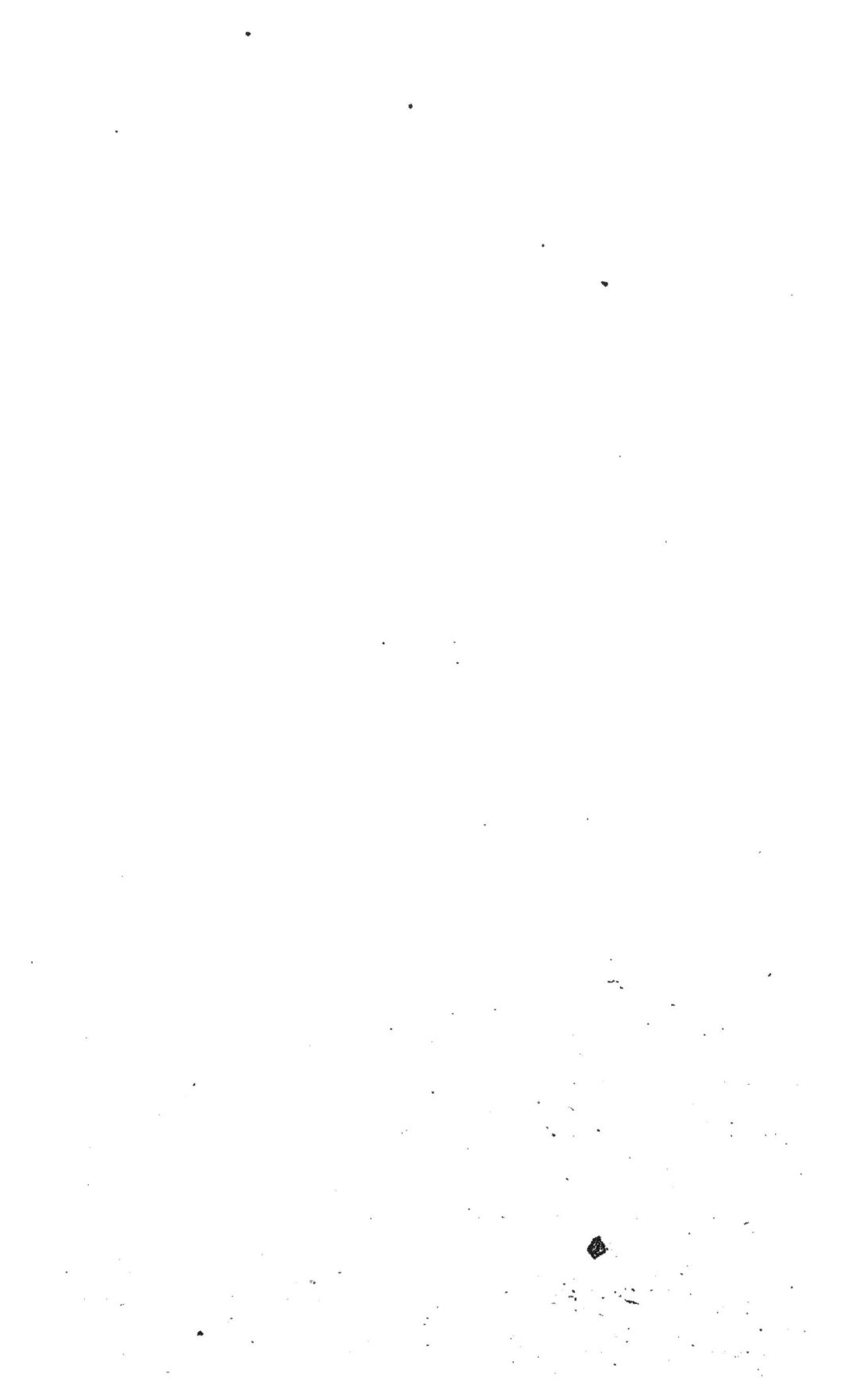

LE POËME DU CRÉANCIER

——

— Toc! toc! toc!

On frappe chez moi à neuf heures du matin. Pourquoi frappe-t-on lorsqu'il y a une sonnette? J'ai recommandé à mes amis de se nommer et à Hélène de gratter; mais je n'ai dit de heurter à personne. Celui qui heurte en ce moment est donc un malin, et je dois me méfier de lui. Ne bougeons pas.

— Toc! toc! toc!

Oui, frappe, je te le conseille. Frappe, ma résolution est prise. Après tout, ce bruit n'est pas plus désagréable que celui du piano, on peut s'y accoutumer. Si tu as la persévérance, j'aurai la force ; et tu ne me vaincras, comme dit la complainte, « ni par terre, ni par mer, ni par trahison. » Je te re- connais d'ailleurs, quoique je ne te voie pas. Tu es maigre, tu as sous le bras un paquet enveloppé de percaline noire, — tu es le créancier.

— Toc ! toc ! toc !

Tu es le créancier ; ne le nie pas. Tu es l'homme sans prudence qui m'a fait crédit, le corrupteur de ma pauvreté. C'était un piége que tu me tendais en m'accordant *du temps* pour te payer ; tu voulais faire de moi ta victime de tous les jours et de toutes les heures. J'ai pénétré ton plan, et je m'en venge aujourd'hui. Je ne t'ouvrirai pas.

Je ne t'ouvrirai pas, parce que tu es triste, et que j'ai bien assez de ma tristesse, à moi, sans m'em- barrasser encore de la tienne.— Ah ! si tu ressem- blais à M. Dimanche, si tu avais un bel habit, un gros ventre, une figure rubiconde, et à la main une canne à pomme dorée, je n'éprouverais aucun déplaisir à te recevoir chez moi, à t'indiquer du geste un fauteuil, à m'informer de ta femme, de ta fille et de ton petit chien Brisquet. Mais tu n'as rien de l'épanouissement de M. Dimanche ; tu es le créancier du XIXe siècle. Tu n'es pas même bête. Je ne t'ouvrirai pas.

Je ne t'ouvrirai pas, parce que tu m'attendrirais peut-être, et que, si je m'attendrissais, je te payerais,

— ce qui serait absurde de ma part, en ce moment. Tu me dirais les difficultés de ton négoce, ta fin du mois embarrassée. Je suis compatissant, je me connais. Tu n'aurais qu'à pleurer, je serais perdu. Et le pauvre petit argent, fruit de mon travail, que je réserve pour une partie de plaisir, cet argent qui doit me rendre le courage et la verve, passerait insensiblement de mes mains dans les tiennes. Je ne t'ouvrirai pas.

— Toc! toc! toc!

Non, tais-toi. Je n'y suis pas, je n'y veux pas être; car, si, par malheur, essayant d'un autre système, tu cherchais à faire l'insolent, je ne répondrais pas des effets de mon courroux. Allons, laisse-moi tranquille. Je ne veux pas t'ouvrir, pour te chasser cinq minutes après. Car je te chasserais, crois-le, à la première parole malséante. A la seconde, je te jetterais par la fenêtre. Voyons, va-t'en, sois raisonnable. Tu reviendras demain.

— Toc! toc! toc!

Est-ce par la lassitude que tu espères venir à bout de moi? Insensé! tu ne me connais guère. Autrefois, c'est vrai, on me vit trembler, lors de ma première dette, autant que lors de mon premier rendez-vous; mais le temps a marché depuis. Fantôme orgueilleux, je t'ai mesuré; tu ne me fais plus peur. J'ai défini sagement ma situation et la tienne. Deux personnes étant données, un créancier et un débiteur, il y aurait un pléonasme moral à ce que toutes les deux s'inquiétassent pour le même motif. Je te laisse l'inquiétude. Frappe ; je t'écoute. Tu n'es qu'un créancier d'argile ; je suis un débiteur de pierre.

Tiens, tu frappes mal ; tu n'arrives qu'à un effet de monotonie qui trahit tes intentions. Quel doigté misérable ! Un jour que je serai de bonne humeur, je veux te donner une leçon. Tu verras.

— Toc ! toc ! toc !

Mais enfin, à quoi cela t'avancerait-il d'être remboursé ? qu'y gagnerais-tu ? As-tu réfléchi à tous les ravages, à tous les accidents dont une *rentrée* imprévue peut devenir la cause ? Comptant à peine sur cet argent, est-il certain que tu l'appliquerais tout entier à ton commerce ? ne le dépenserais-tu pas plutôt dans une orgie ? Tu n'es pas seulement un créancier, tu es un homme ; tu possèdes des passions, des vices. L'occasion vient toujours au-devant de ceux qui ont les poches pleines. Tu dissiperais *mon argent,* quelque chose me le dit. Envisage, à présent que tu es de sang-froid, les conséquences de la débauche : on ne sait pas souvent en quelle compagnie on se trouve, et une rixe est bien vite survenue. Vois-tu d'ici ton avenir perdu, ton honorabilité entamée ? Si on allait te crever un œil ou te casser une jambe ! Ce serait horrible. Il ne faut pas que tu coures de semblables périls, j'en aurais trop de remords. Je ne te payerai pas.

Je ne te payerai pas; car, au fond, j'ai de l'affection pour toi. Tu es ignoble, tu n'as pas d'esprit, point de bonté. Mais c'est ton opiniâtreté qui me charme. (Toc! toc! oui, je t'entends.) Tu es un problème vivant pour moi. Je veux te suivre dans la vie, — te suivre de loin, bien entendu. Or, si je te payais, je ne te reverrais plus. Je rentrerais à tes yeux dans la foule des personnes qui te sont indifférentes; il y aurait une barre sur mon nom dans ton souvenir comme dans tes livres.

Je ne te payerai pas; car je prétends, non-seulement te suivre, mais surtout être suivi par toi, en ce monde. Je touche à cette période critique où tout fléchit sous les pas de l'homme, où l'amour s'envole, où l'ambition s'évanouit, où le cheveu tombe, où le rhumatisme s'éveille. De tous ceux que j'aimais, combien déjà sont partis, hélas! Encore quelques années, et il ne restera plus personne autour de moi, — excepté le créancier.

— Toc! toc! toc!

Merci, ami; tu es là, tu veilles; c'est bien. Tu poursuivras ta mission jusqu'au bout, j'en suis sûr; tu ne me perdras jamais de vue, toi, parce que je te dois trop. Tu remplaceras ma famille; continuellement il y aura quelqu'un qui s'informera de ma santé, de mes succès ou de mes revers. Si le fantôme désolant du suicide vient me tenter, avec quel zèle tu l'écarteras de mon chevet! Le jour où j'aurai résolu de me précipiter par-dessus le pont Neuf, je suis sûr de me sentir retenu par une main vigoureuse,—et cette main sera la tienne, ô créancier que je ne payerai pas !

Non, je ne te payerai pas; et alors qui est-ce qui peut prévoir où s'arrêtera ton dévouement, Pylade malgré toi, P'méjà par force? Peut-être mendieras-tu pour moi, au coin des carrefours, comme l'esclave du Camoëns? Peut-être, la tête couverte d'un voile épais, te hasarderas-tu jusqu'à chanter sur les places publiques, bien que tu possèdes la voix la plus discordante du monde; mais ton action n'en sera que plus sublime, et il se trouvera sans nul doute des poëtes et des musiciens pour composer à ce propos un opéra intitulé : *le Créancier voilé.*

Non, je ne te payerai pas! car je veux, lorsque j'aurai cessé de vivre, que tu suives mon convoi, seul peut-être, le front nu, l'œil inquiet comme toujours, en te disant :

— Il m'aura porté sur son testament, c'est indubitable; il laisse quelque chose, c'est certain; je serai payé, c'est clair.

Et, si tu n'es pas payé, même après ma mort, eh bien, tu seras encore le seul à regretter que je n'aie pas vécu plus longtemps!

LES TROIS MONOLOGUES DU MARI

LES TROIS MONOLOGUES DU MARI

I

AVANT

Julie vient de me dire, pour la deuxième fois depuis hier, que je l'ennuyais. J'ennuie ma femme. Voilà qui est incompréhensible. Il faudra que j'en parle à mon ami Miramont, qui est un homme de bon conseil. Mais pourquoi Miramont n'est-il pas venu chez nous, cette semaine, lui qui aime tant nos petites soirées du dimanche, et qui, jusqu'à présent, avait tant de plaisir à partager notre modeste dîner du mardi ?

Je serais désolé que Miramont fût malade.

J'irai demain chez Miramont. Aussi bien, les nouvelles façons de ma femme vis-à-vis de moi me donnent du souci, et je veux le consulter à ce sujet. Il a vécu. C'est un gaillard. A nous deux, nous pourrons peut-être arriver à savoir la vérité sur le cas de Julie.

Il est d'autant plus surprenant que ma femme trouve que je l'ennuie, que, depuis quelque temps, ma conduite avec elle est celle d'un véritable trouvère. J'ai fait remettre à neuf les meubles du salon. Je l'ai menée deux fois en trois semaines à l'Opéra-Comique, mon théâtre favori. Enfin, je lui ai acheté l'*Histoire de l'Inquisition* en quatre volumes, superbement reliés. Ayez donc des prévenances !

Miramont me l'avait bien dit, il y a deux ans : « Tu te maries ; cela te regarde ; peut-être fais-tu bien, peut-être fais-tu mal. » Il avait raison, j'ai eu tort de ne pas l'écouter.

Ce n'est pas que je me repente d'avoir épousé Julie. Non, je ne veux pas dire cela. Julie en vaut bien d'autres, certainement. Elle a été élevée chez les dames Samblin : elle sait ce que c'est qu'un ménage ; le fond est bon chez elle. Mais Julie n'a peut-être pas tout ce qu'il faut pour faire le bonheur d'un mari.

Je ne parle pas de son visage, qui est digne du

pinceau d'Horace Vernet. Sous ce rapport, Julie est infiniment mieux que moi, j'en conviens. Mais la beauté passe, et un homme se conserve beaucoup plus longtemps qu'une femme : c'est reconnu.

Mes griefs portent sur un point moins futile ; je crois m'être aperçu que Julie manquait de sensibilité. Je comprends tout ; mais le manque de sensibilité, je ne le comprends pas. C'est plus fort que moi. Je le disais encore, l'autre jour, à Miramont.

Au fond, je n'exige pas que tout le monde ait mes goûts poétiques ; il ne faut pas se singulariser non plus. Mais il y a un juste milieu dans tout. Or, il me revient à la mémoire bien des petites circonstances où Julie m'a presque fait douter de son intelligence. — Hier, par exemple, qu'a-t-elle ressenti à la représentation de *Fra Diavolo* ? Rien, absolument rien.

Les grands spectacles de la nature ne l'impressionnent pas davantage. Je lui faisais remarquer, un soir, en passant sur la place de la Concorde, les étoiles qui brillaient au firmament, et je m'écriais, en lui pressant le bras : « Dire que tout cela, c'est autant de mondes comme le nôtre ! Est-ce que cela ne te paraît pas incompréhensible, ma Julie ?... Quelle main mystérieuse a donc jeté ces globes lumineux dans l'espace ? »

Julie me répondit qu'elle avait froid et que nous étions encore bien loin de chez nous. — C'est funeste. Le ciel m'a donné une âme aimante, et l'on ne se refait pas. Si Julie n'apprécie pas ma tendresse, je vais devenir bien malheureux.

Allons trouver Miramont.

II

PENDANT

J'étais absurde. Julie ne m'a jamais tant aimé que maintenant. Je n'ennuie pas Julie; au contraire.

La belle journée que nous venons de passer chez Miramont, à sa maison de campagne de La Celle-Saint-Cloud, et comme je m'en souviendrai longtemps! Dire cependant que j'avais voulu emporter un parapluie, en partant! C'est ma femme qui m'en a empêché.

Nous avons eu un temps superbe, depuis dix heures du matin jusqu'à minuit. Ah! la récolte de cette année s'en ressentira! L'adjoint au maire de La Celle-Saint-Cloud, à qui Miramont a eu l'amabilité de me présenter, est entièrement de mon avis sur ce point. J'ai rarement vu un homme, je ne dirai pas plus spirituel, mais plus cordial que cet adjoint. Il a tenu à me faire visiter en détail sa propriété et à m'expliquer la plupart des améliorations qu'il a introduites dans l'agriculture. Eh bien, quoique l'agriculture ne soit pas ma partie, j'ai parfaitement saisi son raisonnement, et je suis convaincu, comme lui, que le gouvernement aurait tout à gagner en adoptant ses idées.

Pendant ma conversation avec l'adjoint, Julie, toujours prévenante, a cherché le moyen de me procurer une surprise de mon goût. Elle sait que j'adore les fraises dans de la crème, — mais pas votre crème de Paris, où il entre toujours un tiers d'eau. Julie s'est donné la peine de faire environ une lieue, avec Miramont, pour me procurer de la crème pure, de la vraie crème. Aussi comme elle était rouge, au retour !

Le dîner a été superfin. Je ne répondrais pas de ne m'être pas laissé entraîner plus loin que d'ordinaire par un petit vin de Mercurey, que je reconnaîtrai à l'avenir. Une fois n'est pas coutume. J'étais si heureux entre ma femme et mon ami ! Après le dîner, on se promena encore dans le jardin, à la fraîcheur. L'adjoint avait pris le bras de Miramont; nous marchions derrière eux, Julie et moi, à une distance de trente pas. Tout à coup, elle me serra les mains, et, fondant en larmes, elle me dit :

— Pardonne-moi !

Cher ange ! Je n'avais rien à lui pardonner. Je

l'embrassai affectueusement, en essayant de la calmer. Mais elle était tourmentée par ses nerfs, et, jusqu'à notre retour à Paris il me fut impossible, de tirer une parole d'elle.

La belle journée !

III

APRÈS

Trompé ! — Qui s'y serait attendu ? Miramont voyait juste lorsqu'il me disait : « Les femmes, c'est tout l'un ou tout l'autre. » Ah ! Julie !

Je n'ai pas reconnu l'homme. C'est tant mieux, sans doute. Dieu aura voulu le sauver. Comme cela, du moins, je n'ai pas la mémoire obsédée par des traits haïssables. Ah ! Julie !

Hélas ! je n'étais pas préparé à ce malheur. Là, sur ma tête, j'ai un poids. En me rencontrant dans l'escalier, tout à l'heure, madame Pierre m'a dit que je devrais me faire saigner. Me faire saigner, elle a raison ; mais je ne veux rien, je n'ai besoin de rien. Ah ! Julie !

Fallait-il donc que cela arrivât ? Je n'ai véritablement pas de chance. Enfant, j'osais à peine lever les yeux sur les femmes; dès qu'il s'en présentait une au salon, je rougissais et j'allais me cacher derrière l'armoire; personne ne pouvait plus me faire sortir de là. C'était un pressentiment; je devinais déjà tout ce que j'aurais à souffrir par ce sexe. Ah! Julie!

Je n'ai jamais eu de maîtresses, moi. J'ai voulu me conserver pur pour la femme que j'épouserais et que m'aurait choisie ma mère. Elle n'a pas eu la main heureuse, ma mère! Qu'est-ce que je vais faire à présent? Je ne suis pas né pour de grandes choses; je suis un petit esprit, je n'avais d'instinct que pour aimer Julie et lui rendre la vie facile. Me voilà bien avancé. Ah! Julie!

Mon testament est fait. Je recommande à Miramont de veiller sur elle et de ne jamais la perdre absolument de vue, à moins qu'elle ne s'obstine à descendre trop bas. C'est un dernier service qu'il ne peut pas me refuser. Bon Miramont! lui seul m'a aimé, lui seul me regrettera. Ah! Julie! (*Il se brûle la cervelle.*)

LES BIJOUX DE FANNY

LES BIJOUX DE FANNY

LES BIJOUX. — Nous chantons l'hymne de la beauté et du luxe, de l'orgueil et des plaisirs. Nous sommes les bijoux effrénés, les pierres insolentes. Nous courons, nous glissons, nous brillons autour du corps et des habits de la plus admirable des femmes.

Voyez-la! elle est jeune, elle est blonde, elle est blanche. On ignore d'où elle vient et où elle va, et personne ne songe à le lui demander; on sait seulement qu'elle est faite pour Paris, comme Paris est fait pour elle.

C'est Fanny, *Fanny de rien*, comme le *Didier de rien* de *Marion Delorme*. Il n'y a que nous qui connaissions et qui puissions redire quelques chapitres de son histoire, à la fois fantastique comme un conte d'Hoffmann et réelle comme un compte de Barême.

LES BOUCLES D'OREILLES. — Celui qui nous a données à Fanny était un homme qui allait bientôt cesser d'être jeune, mais dont la gaieté tenait encore bon. Il avait mangé successivement la fortune de sa mère et celle de deux oncles; et, comme il avait toujours faim, il partait le lendemain pour Sidney, afin d'aller chercher l'or à ses sources.

Il n'est pas revenu.

Nous sommes des émeraudes taillées et percées par les Indiens; nous alternons avec de longues boucles d'oreilles à la Sévigné, qui plaisent plus particulièrement à un vieux monsieur, rencontré par Fanny cet été à la Redoute de Spa et retrouvé cet automne sous un palmier en zinc du jardin Mabille.

Suspendues à des oreilles incomparables de petitesse et de transparence, — que de serments, que de reproches, que d'aveux, que de désirs nous entendons tomber dans ces deux mignons entonnoirs !

Tantôt immobiles sous le charme d'une parole émue, tantôt agitées par le rire ou l'incrédulité, nous suivons les moindres inflexions d'une tête capricieuse. Sentinelles étincelantes, il nous est arrivé souvent d'arrêter par l'éclat de nos feux l'impertinence d'un financier ou la déclaration d'un adolescent timide et pauvre.

LA BOUCLE DE L'OREILLE DROITE. —Fanny était hier au Théâtre-Italien; quelqu'un entra discrètement dans sa loge et s'assit derrière elle.

— Ah! c'est vous, dit Fanny sans se retourner; eh bien?

— Mauvaises nouvelles; la baisse continue.

— De combien suis-je en perte? continua-t-elle en promenant son lorgnon sur la salle.

— De 30,000 francs; je vous l'avais bien dit...

— Ne vous penchez donc pas tant; on vous verrait.

— Il faut vendre, reprit la voix.

— Non! dit Fanny.

— Mais le mouvement est certain; vous allez commettre une faute sans excuse, croyez-moi.

— Chut! dit Fanny; écoutez Mario.

— Vous avez donc des renseignements de votre côté, des nouvelles? demanda la voix avec inquiétude.

— Oui, des nouvelles excellentes : je me suis

fait faire les cartes par ma femme de chambre, et le dix de trèfle est sorti quatre fois.

LA BOUCLE DE L'OREILLE GAUCHE. —A l'entr'acte suivant, un jeune homme est venu saluer Fanny; il était élégant, très-distingué, et semblait n'avoir pas plus de vingt-deux ans. Il a pris place sans façon à côté d'elle, sur le devant de la loge.

— Paul, vous n'y pensez pas, lui a dit Fanny, tout étonnée.

— Mais si! a répondu le jeune homme en lui souriant de fort près.

— Votre tante et vos sœurs sont ici ; vous allez vous compromettre !

— Je sais bien ; c'est pour qu'on me marie plus vite.

LE COLLIER. —Je serre, de ma tresse de brillants, un cou dont je ne peux parvenir à éclipser le grain lumineux. L'homme qui a sollicité de Fanny la permission de m'agrafer, était un gros marchand de farines, qui avait de gros yeux, une redingote en gros drap, les joues rouges et bleues, des mains terribles, et dont l'haleine faisait nuage en toute saison.

Ce marchand reçut, pour sa récompense, une lettre de Fanny :

« Mon gros Hippolyte, sois béni pour toutes les illusions que tu m'as rendues! Ce n'est pas assez d'une existence de femme tout entière pour te

donner le bonheur que tu mérites. Cher ange!
pourquoi ne t'ai-je pas connu plus tôt? Pourquoi
le ciel ne t'a-t-il pas mis sur mon chemin il y a
quelques années? Tu aurais épargné à mon inex-
périence bien des fautes sans doute.

» Il est inutile, mon gros chat, que tu te pré-
sentes chez moi, d'ici à quelque temps. Je pars ce
soir pour l'Angleterre, où m'appelle une de mes
parentes, en ce moment à son lit de mort. Que le
temps va me paraître long, loin de toi! Écris-moi
souvent, au moins; raconte-moi tes moindres
actions, tu sais combien tout ce qui te touche m'in-
téresse, pauvre ami!

» Adresse toujours tes lettres à mon domicile,
à Paris; Clotilde me les fera parvenir. J'espère
bientôt t'informer de mon retour, qui sera un jour
de fête pour moi.

» Mais vous, monsieur le monstre, qu'allez-vous
faire pendant mon absence? Vous allez sans doute
bien courir et vous amuser. Sachez que je suis
jalouse même de vos pensées, et que, s'il vous
arrive de m'être infidèle, je le saurai, et je vous
arracherai des tempes vos beaux cheveux noirs.
Je regrette presque de vous avoir fait connaître
cette petite Clotilde, avec laquelle vous avez l'air
trop familier. A mon retour, je mettrai bon ordre
à tout cela.

» Adieu, loulou; adieu, gros chien noir à sa

moumoute; celle qui t'embrasse et qui passe sa main dans tes gros favoris de crin.

» TA FANNY.

» *P. S.* Pour subvenir aux frais de mon voyage imprévu, j'ai dû tirer sur toi, mon Hippolyte chéri, un billet de quatre cents francs à six semaines. Je te sais assez bon pour ne pas te laisser protester et pour me rendre ce petit service, au sujet duquel je n'ai pas voulu m'adresser à d'autres que toi. Adieu ! adieu encore ! »

LE BRACELET. — Je fais six fois le tour du bras adorable de Fanny ; mes diamants servent à cacher la cicatrice d'un coup de couteau qu'elle reçut à quatorze ans, dans la rue des Étoupiers, au Havre.

LES BAGUES. — Que n'avons-nous les propriétés magiques de cette bague du conte des fées, qui pinçait le prince Charmant ou Bibi à chaque faute qu'il commettait ! Comme les jolis doigts de Fanny seraient ensanglantés, et que d'avertissements cruels nous lui donnerions de minute en minute !

PREMIÈRE BAGUE : UNE TURQUOISE. — Lorsque Fanny arrête ses yeux sur moi, elle devient pensive. C'est qu'elle a failli aimer celui qui m'a achetée, le marquis de B***, qui, naturellement ne l'aimait pas. — Je représente la note du cœur, comme disent les feuilletonnistes.

DEUXIÈME BAGUE : UN RUBIS. — Chut! on m'a volée. Fanny ne l'a jamais su. C'était un pauvre diable qui voulait un sourire d'elle, et qui l'a obtenu, mais au prix d'un remords éternel et honteux...

TROISIÈME BAGUE : UN SAPHIR. — Cela lui coûte si peu et cela leur fait tant de plaisir !

CHŒUR DE BAGUES DIVERSES. — Léopold ! Gustave ! Chointot-Duval jeune! Le grand Paul! Ernestine !

LA MONTRE. — Un soir, après minuit, une voiture s'arrêta devant la porte de Fanny. Un étranger en descendit, brun, grand, brusque, de belle mine. — Il monta malgré le concierge, — il entra malgré la femme de chambre, — il s'assit malgré Fanny.

— Qu'est-ce que vous voulez, monsieur? dit-elle enveloppée à la hâte d'un peignoir de dentelles.

L'étranger lui répondit :

— Vous voir d'abord ; souper ensuite.

— Je ne vous connais pas.

— Si, dit-il.

Il s'approcha d'un coffret entr'ouvert, où roulaient dans une demi-obscurité des vagues de joyaux.

— Je vous ai admirée, dit-il, pour la première fois dans une avant-scène des Variétés. Le lendemain, passant dans la rue de la Paix, j'aperçus aux vitrines de Marret et Baugrand, sur un coussinet de satin blanc, une miniature de montre, grande comme une pièce de vingt centimes, et à laquelle rn diamant servait de verre.

— Celle-ci ! dit vivement Fanny.

— Celle-ci, dit l'étranger ; et je vous la fis envoyer sur-le-champ.

— Sans vous faire connaître ?

— C'eût été de mauvais goût. En galanterie, je ne suis jamais pressé. Je me proposai seulement d'aller vous voir, un jour ou l'autre. Puis je voyageai. A Madrid, au bout de six mois, votre figure me revint en mémoire, et je vous adressai ce camée nègre qui est piqué à votre pelote.

— Après, monsieur ? dit Fanny, intriguée au dernier point.

L'étranger continua :

— Enfin, il y a six ou sept heures, ma voiture a croisé la vôtre aux Champs-Élysées. Je me suis alors rappelé que je vous devais une visite.

— A minuit ?

— Je croyais qu'il était une heure, dit tranquillement l'étranger.

Allant s'asseoir sur le tête-à-tête où l'étonnement tenait clouée la jeune femme :

— Mes façons, dit-il en souriant, ne sont point celles de vos Français. Ne m'en veuillez pas ; je suis un Russe, le Russe de toutes les comédies et de tous les romans de la vie parisienne. Je vous ai épargné des hommages fastidieux; c'est un titre que je fais valoir auprès de votre esprit. — Vous voyez bien que vous me connaissez. A présent, soupons.

LE FLACON.—Je suis une fiole de cristal enfermée dans une résille d'or et de rubis. Ne me touchez pas ! ne m'approchez pas ! il y a du sang sur mon bouchon.

Ah ! la mauvaise femme ! la sorcière et la maudite ! qu'elle soit lapidée par les épouses, par les mères et par les sœurs ! Savez-vous ce qu'elle a fait, cette Fanny ? Elle a poussé au duel un enfant de dix-huit ans, pour un rien, pour un propos entendu derrière une cloison de restaurant. L'enfant a eu la poitrine traversée par un élève de Cordelois; il est mort en envoyant ce flacon à Fanny, dernier souvenir.

Le sommeil de Fanny est semblable au sommeil des anges.

CHOEUR DE BIJOUX. — Gloire à Fanny et gloire à nous ! Nous équivalons, dans la grammaire des élégances, aux adjectifs, qui sonnent de la trompette devant les substantifs ou qui marchent derrière eux en faisant claquer des étendards. Nous faisons Fanny plus belle et plus adulée : c'est une idole aujourd'hui; ce sera notre sœur bientôt, — lorsque le froid de nos éclairs aura gagné jusqu'à son âme !

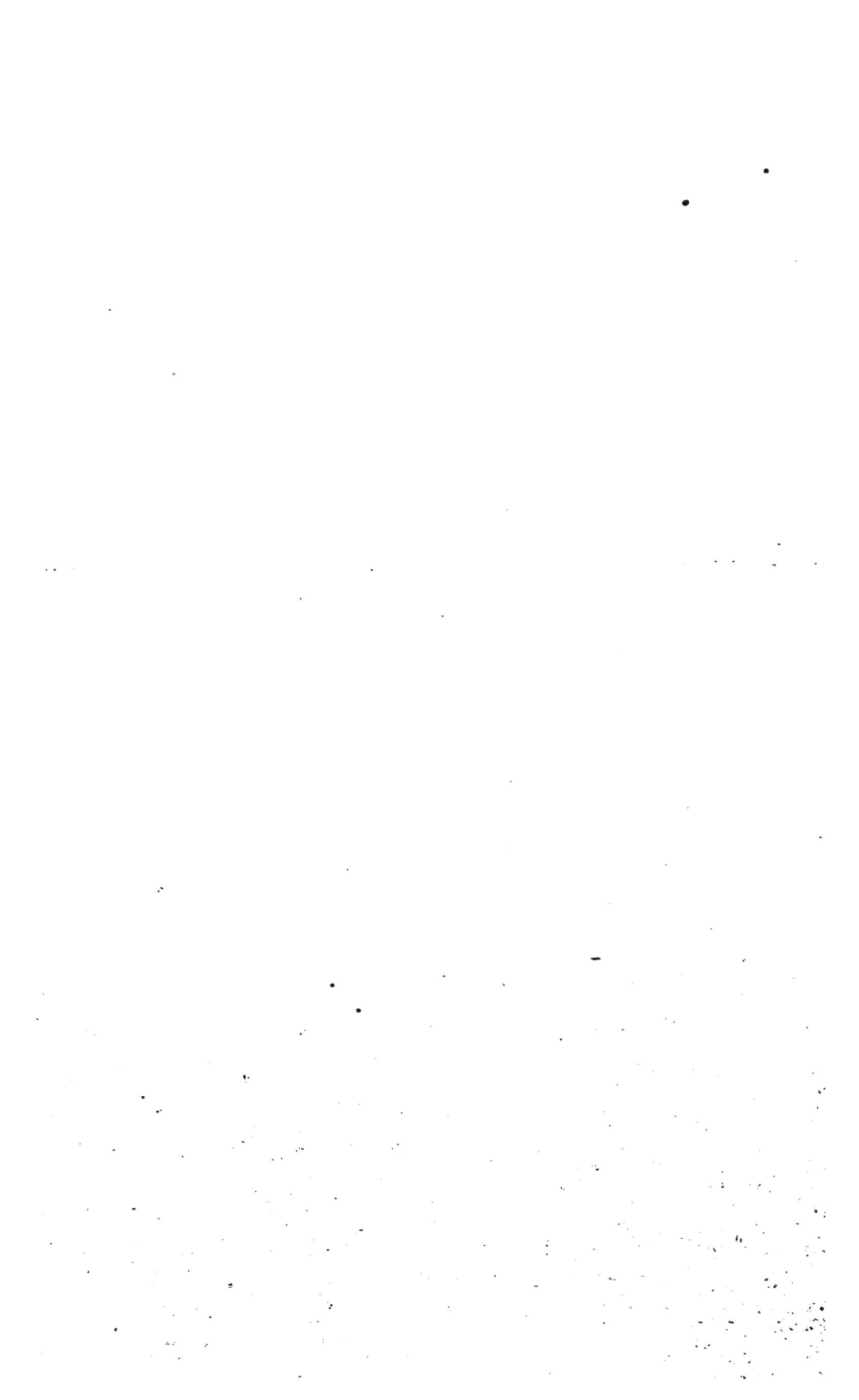

MONSIEUR COCODÈS

MONSIEUR COCODÈS

PORTRAIT PHYSIQUE

Chaque fois que j'ai visité un atelier de peintre,
— après la revue des grands tableaux, des petits
tableaux et des études, j'ai toujours rencontré un
cadre ovale, tourné dédaigneusement vers la mu-
raille. Et, lorsque je voulais l'examiner à son tour,
le peintre m'a invariablement répondu, en souriant :

— Bah! laissez cela, c'est le portrait d'*un Cocodès!*

La première fois, je n'ai pas insisté; mais, ce
nom revenant ensuite à mon oreille, et toujours
avec le même sourire, j'ai désiré en avoir le cœur

net, — et je suis parvenu à savoir ce que c'est qu'*un Cocodès* ou plutôt M. Cocodès.

Pour cela, j'ai retourné le cadre ovale.

Et j'ai vu.

J'ai vu un bellâtre blanc et frais, de cette blancheur qui s'obtient par les laxatifs; favoris passés au fer; cheveux noirs et épais; deux gros yeux reluisants comme ceux des animaux empaillés; un nez sans inquiétude, la pire espèce de nez, avec une bouche placée là uniquement pour servir de prétexte à de belles dents, des dents à reflets bleus et roses, l'horrible dans le joli — chez un homme. La pose voulait être naturelle : une main, ornée d'une bague dite *sorcière*, reposait sur une cuisse fière de se montrer et recouverte d'un pantalon gris de perle, nuance affectionnée par les personnes heureusement construites ; l'autre main tenait un cigare commencé. Un ruban de lorgnon, très-large, brochait sur le tout, traversant une chemise à bouillons de batiste.

A la fois impertinente et abandonnée, cette pose semblait dire :

— Moi, je suis un artiste !

Mais la tête, molle, grosse, remplie d'eau, la tête vengeresse répondait implacablement:

— Toi, tu es M. Cocodès!

PORTRAIT MORAL

M. Cocodès est l'antipode de M. Prudhomme, dont il se moque, quoiqu'il vaille moins que lui. Il est l'expression bête et fatigante de la civilisation superficielle et de l'art faux. Au moins, M. Prudhomme a l'âpreté dans la sottise, tandis que M. Cocodès, souple et curieux, manque absolument de toutes les variétés de dignité.

Pour ne pas paraître un bourgeois, M. Cocodès se résout effrontément à toutes les affectations. Il *marche sur son cœur*, selon l'image de M. Dennery, ou tout au plus, s'il se sent ému par quelque épouvantable catastrophe — ou par une jolie romance, — il *y va de sa larme*. C'est tout.

L'an dernier, il perdit sa mère; je le rencontrai sur le boulevard. Il me serra très-fort la main, et me dit en levant les yeux au ciel : « Il y a de ces choses avec lesquelles il ne faut pas blaguer. »

Ne demandez rien d'élevé à M. Cocodès : les grands génies l'épouvantent; il ne les connaît même pas. Il s'est fait un idéal composé des frères Lionnet, en musique, — de Nadaud, en poésie, — de Hamon, en peinture. Il n'aime que le genre.

Les femmes sont pour lui des *biches*, rien de plus, c'est-à-dire des personnes avec qui l'on soupe et l'on fait du bruit. Je ne jurerais pas cependant qu'il n'aimât dans un coin de faubourg une femme de trente ans, qu'il cache avec soin et qu'il appelle : Nini.

LE VOCABULAIRE DE M. COCODÈS

M. Cocodès emprunte ses paroles, comme il emprunte ses idées et ses sentiments. Paroles de Cocodès, c'est-à-dire mots de vaudevilles tournés au rance, rebuts de boulevard, épaves des petits journaux, le *Mon Dieur-je* de Lassagne et le *Gnouf-gnouf* de Grassot, le rire de convention, le cynisme sans motif, un mot d'ordre d'enthousiasme qu'on reçoit et qu'on rend sans le comprendre, jamais rien de simple ni même d'imprévu.

Il vous nomme : *mon petit*, —*mon bonhomme* — ou *cher bon*, jamais Charles ou Jean.

Si on lui propose d'aller quelque part ou de faire quelque chose, il répond en imitant n'importe quel farceur de théâtre : *Allons-y gaiement !*

S'il entend parler d'un assassinat ou d'un tremblement de terre, il dit : *C'est un détail.*

S'il est question devant lui d'une fortune de trente ou quarante millions, il trouve que c'est assez joli *pour un homme seul.*

Une de ses formules les plus habituelles d'admiration, au spectacle ou en présence d'un tableau, est : *Comme c'est nature !* Il abuse de ce *Comme c'est nature !* à tel point que je l'ai entendu s'écrier devant un vrai coucher de soleil : *Comme c'est nature !*

Veut-il raconter une anecdote qu'il vient d'entendre, il empruntera volontiers à M. de Villemessant sa locution célèbre : *Il faut que je vous en dise une bonne...*

Il appellera par son nom le garçon du café des Variétés et lui demandera si l'on peut avoir un grog, *avec des protections.*

Si ce grog laisse à désirer, M. Cocodès s'écriera avec la voix de feu Sainville : *Pour mauvais, il est mauvais !*

D'une chose exécrable, il dira : *C'est dans les prix doux.*

Ou bien : *Bah ! à la campagne !*

De quelqu'un dont on lui demandera des nouvelles : *On n'a jamais pu savoir.*

Il prononcera *fouletitude* au lieu de multitude ; *Jalouseté* pour jalousie ; *Naturablement* pour naturellement.

Il aura de fausses gaietés et de fausses colères ;

et, si vous lui répétez un innocent calembour, il vous menacera de vous *manger le nez.*

Autrement il restera *calme et inodore.*

Et, si quelqu'un lui demande s'il se porte bien : *Espérons-le, ô mon Dieu !* répondra-t-il.

A peu de chose près, voilà le répertoire entier de Cocodès. Et ce répertoire, si restreint, si misérable, si creux, il le récite tous les jours, partout, à tout le monde, avec l'aplomb d'un homme qui se croit aux avant-postes de l'armée des intelligents.

MADAME COCODÈS

C'est triste à avouer, mais il y a aussi madame Cocodès.

Par bonheur, madame Cocodès habite le treizième arrondissement.

C'est cette pécore — jolie quelquefois — qui riposte aux madrigaux qu'on lui adresse, par cette phrase qui a déjà servi neuf cents millions de fois : *Passe-moi la main dans les cheveux, et appelle-moi Arthur !*

Ou bien encore par cette autre phrase non moins éreintée : *Donne-moi des noms d'oiseau, appelle-moi gendarme.*

Que, poussé par l'esprit d'aberration, vous murmuriez à l'oreille, au cou et aux cheveux de madame Cocodès : « Je vous adore ! » *Avec un jaune d'œuf,* vous répond-elle.

Ne descendons pas plus bas.

Madame Cocodès est plus excusable que M. Cocodès. C'est une femme. Ses parents ne l'ont pas élevée à la brochette, mais au bâton. Elle n'est pas tenue de connaître les délicatesses de l'idée et du langage.

Quoi qu'il en soit, le hasard vous garde de monsieur et de madame Cocodès !

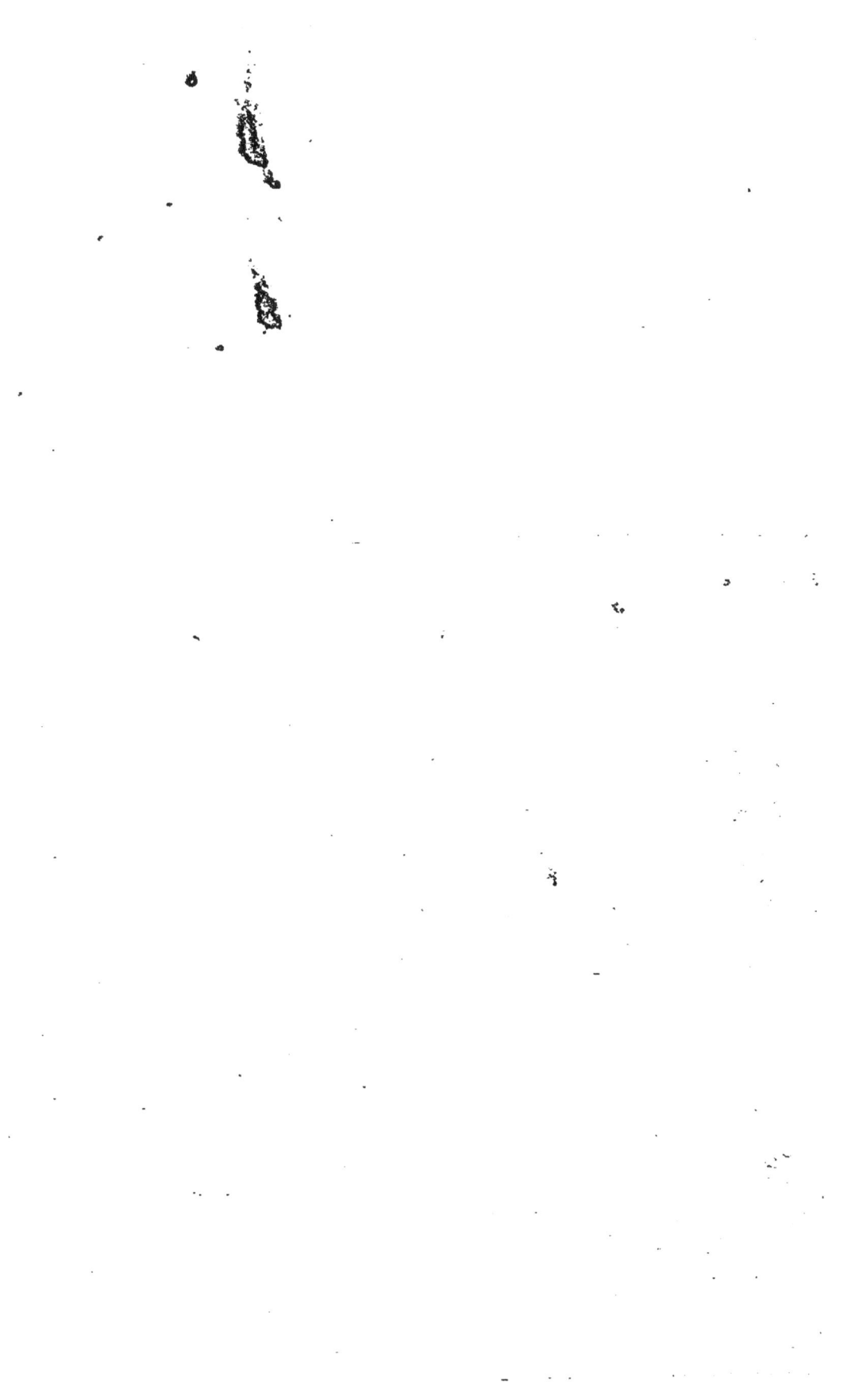

CEUX QUI SE SURVIVENT

CEUX QUI SE SURVIVENT

I

LA COMÉDIENNE

(Le théâtre représente un théâtre. Au fond d'une baignoire d'orchestre est assise Irma Aubert, comédienne de la cinquantième année ; sa toilette est riche et savante. Ses yeux suivent sur la scène, avec une expression terrible, une jeune débutante. Elle tient son mouchoir serré entre ses dents. Une amie est à côté d'elle.)

IRMA AUBERT, *à voix basse.* — Ce geste est faux... faux... faux... Une poupée... Son peigne va tomber... Quelle voix !... Tout cela est copié sur

Brohan. (*La salle éclate en bravos. Irma Aubert se penche sur le bord de sa loge et applaudit plus fort que les autres, en disant tout haut* : Oui, très-bien ! très-bien !)

L'AMIE. — Elle ne va pas mal.

IRMA AUBERT. — Laisse-moi donc tranquille, et attends le quatrième acte... Tu n'en finis pas avec la lorgnette ; après toi, s'il en reste. (*Elle lorgne la débutante.*) On n'a pas idée d'une peau aussi noire : c'est de l'ardoise... Tu dis qu'elle sort de la classe de Régnier ? Un joli cadeau qu'il fait au théâtre ! —Ah ! ces verres sont brouillés.

L'AMIE. — Il paraît qu'elle n'a pas encore dix-huit ans.

IRMA AUBERT.—Et ça veut déjà jouer les grands rôles ! Mais, à cet âge-là, on ne sait pas dire autre chose que *papa ! maman !* comme les phoques... Ah ! ma pauvre Mars !... je les ai joués, moi aussi, les grands rôles, et je les jouerais encore, si je voulais... Tiens, elle marche dans sa robe... c'est pitié !

L'AMIE. — Au fait, pourquoi as-tu quitté le théâtre ?

IRMA AUBERT.—Ah ! pourquoi ? Parce que j'espérais que le théâtre me rappellerait et qu'on ne pourrait pas se passer de moi, et que, sans moi, il n'allait plus y avoir ni succès, ni talent, ni beauté possibles. Cela m'a joliment réussi, tu vois. J'ai

boudé, et l'on m'a laissée bouder; j'ai envoyé fière-
ment ma démission au comité, et le comité m'a
accusé réception de ma démission, tout simplement, le lendemain, sur papier grand aigle. Pendant huit jours je n'ai pas quitté ma fenêtre; j'attendais, de minute en minute, des ambassadeurs,
une députation, une dépêche du château, ou même
M. de Rémusat en personne. Ah! ouiche! Ils ne
pensaient plus à moi, les ingrats et les lâches! ils
avaient déterré, je ne sais dans quelle banlieue,
une petite fille comme celle de ce soir, et, dans le
cabas de cette innocente, ils avaient fourré tout
mon répertoire. Du propre!

L'AMIE. — Il fallait aller jouer ailleurs.

IRMA AUBERT. — Où cela? en province? Merci!
Ils n'ont d'oreilles que pour l'opéra. A la Porte-
Saint-Martin ou à l'Ambigu? Pour recevoir des
décors sur le dos, n'est-ce pas, et pour donner la
réplique à des clowns! Je te retiens, toi. Et dire
qu'ici l'on faisait six mille francs chaque fois que
je jouais, et qu'à midi il n'y avait plus de location!
On ne reverra plus de soirées comme cela, ma belle;
n, i, ni, c'est parti avec Irma Aubert. Tous les
hommes étaient en habit noir et en cravate blanche;
on n'aurait pas découvert un seul paletot, même
au poulailler. Dans tous les entr'actes, M. de
Montalivet montait à ma loge, pour me complimenter. Hein! c'est de la gloire, cela!

UNE VOIX DU PARTERRE. — Chut donc, dans la baignoire !

IRMA AUBERT, *lorgnant.* — A qui en a-t-il, celui-là ?

L'AMIE. — A nous, ma chère ; à toi ; tu parles trop haut.

IRMA AUBERT. — L'animal ! il a peut-être fait trois heures de queue, il y a dix ans, pour m'applaudir ; il a peut-être mon portrait lithographié dans sa chambre à coucher.—Sortons. La comédie est à jamais morte en France !

II

L'HOMME D'ÉTAT

(Un salon décoré dans le goût puritain. Le soir. Jacques Reynal, l'homme d'État, est adossé à la cheminée, une main dans son habit ; sa pose est tellement roide, qu'on lui croirait une tige de fer dans les reins. Autour de lui, quatre ou cinq personnages chauves. Un whist, à quelques pas.)

JACQUES REYNAL. — Quand j'étais aux affaires (*silence*), cela ne se passait pas ainsi. L'amoindrissement, ou, pour mieux dire, l'abolition du régime parlementaire, en enlevant aux masses leur aliment quotidien, a attaqué l'individualisme dans ses plus profondes racines. (*Gémissements dans tous les coins du salon.*) Il n'y a plus de remède possible aujourd'hui.

UN EX-PUBLICISTE, *avec abattement.* — Plus de remède !

M. GIBBEUX, *ex-secrétaire au ministère des affaires étrangères.* — Vous nous aviez promis cependant un article dans la *Revue.*

JACQUES REYNAL. — J'en attends les épreuves, ce soir même. (*Sensation générale.*)

VOIX DIVERSES. — Un article ! il s'est décidé à faire un article ! Peut-être consentira-t-il à nous en lire des fragments. Espérons et taisons-nous.

M. GIBBEUX. — La situation y est, sans nul doute, admirablement définie ?

JACQUES REYNAL. — Le moment est encore inopportun. (*Anxiété.*) D'ailleurs, la publicité ne saurait être trop ménagère de ses forces. Je me suis contenté d'une simple analyse de la décomposition actuelle du corps social. (*Il étend la main vers une sonnette.*) Joseph !

UN DOMESTIQUE, *entrant.* — Monsieur a sonné ?

JACQUES REYNAL. — Joseph, est-il venu quelque chose pour *moi* ?

LE DOMESTIQUE. — Oui, monsieur ; ces papiers.,.

JACQUES REYNAL. — Donnez. (*Silence profond.*

On entendrait voler Carpentier. Le whist est interrompu.) C'est bien cela. Messieurs, quand j'étais aux affaires..., chaque ligne, émanée de ma plume et destinée à diriger les esprits, était, jusqu'au jour de son apparition dans le public, un secret entre ma conscience et moi. Je veux bien aujourd'hui, vu les circonstances exceptionnelles où nous sommes, me départir de cette réserve. Le titre de ma nouvelle étude est : *Des causes et de la formation du radicalisme en Angleterre.*

M. GIBBEUX, *surpri..* — En Angleterre?

JACQUES REYNAL. — Oui, on sait ce que cela veut dire. L'Angleterre est prise là seulement comme terrain propice aux allusions. Je vais commencer par vous exposer l'objet de la leçon... c'est-à-dire de l'article. (*Il déroule ses épreuves et demeure frappé de stupeur à l'aspect des nombreuses suppressions à l'encre rouge faites par le directeur de la Revue.*)

L'EX-PUBLICISTE. — Qu'avez-vous?

JACQUES REYNAL, *se remettant.* — Rien. Une faute grave que j'aperçois; une faute d'impression... bien entendu.

L'EX-PUBLICISTE. — Comme vous êtes pâle!

JACQUES REYNAL, *très-vivement.* — J'étais toujours pâle, quand j'étais aux affaires! (*Longue sensation.*) J'entre un instant dans mon cabinet pour revoir cet important travail. (*Il traverse le salon à pas solennels, effrayant de froideur et d'orgueil.)*

VOIX DIVERSES. — Quelque chose d'extraordinaire se prépare; ayons l'air de ne rien soupçonner; ne gênons pas les projets de cet homme immense, et reprenons notre whist.

JACQUES REYNAL *seul, dans son cabinet; il feuillette ses épreuves.* — Quelle impertinence ! toutes mes phrases à effet raturées par ce Booz ! et ce billet de sa main : « Il est impossible que votre article passe, à moins que vous ne consentiez aux changements indiqués. » Quel ton ! Je n'aurais pas mieux dit autrefois. Ah ! il me le payera, si... — Pourtant, que dois-je faire ? Céder aux injonctions de cet homme, un de mes anciens instruments ? Humiliation ! Mais, si je résiste, mon article m'est rendu, et, moi, je fais un pas de plus dans l'oubli. Non ! pas d'oubli ! (*Il écrit fiévreusement, en haut du papier :* Bon à tirer.) Demain, la France lira encore mon nom !

III

L'HOMME DE LETTRES

JULES BODIN, *écrivant à côté d'un perroquet et au milieu de plusieurs personnes qui causent.* — «... O misère! un si grand art complétement disparu! l'art du bien dire et du bien penser, l'art des ingénieux et des habiles, le seul art d'après Tertullien! Et, certes, on ne dira pas! qu'il était un ignorant en ces choses du bel esprit et du raffinement, ce Tertullien! Il avait, mieux que personne, le tour, le contour et le détour; il avait l'ironie sans fiel, le conseil sans perfidie, le sourire à fleur de lèvre, et la sérénité, et l'élégance, et la force, et tous ces dons précieux qui ne sont plus maintenant, ô douleur! qu'un souvenir, qu'une ombre, qu'un parfum, qu'une poussière. Boum! pas de crème! — Mais je me moque de ce Tertullien, à tout considérer! Qu'avons-nous besoin de Tertullien dans cette occurrence?... A bas Tertullien! haro sur Tertullien!... Parlons plutôt, ami Ariste, des jours émerveillés de notre jeunesse, des jours tendres et harmonieux, où nous allions, l'arc d'argent à l'épaule, par les mêmes sentiers embaumés, à la conquête des mêmes .êves! En ce temps-là, ami Ariste, s'il vous en souvient, c'était une fête, une joie, une éloquence, un bonheur, une passion, un intérêt... »

LE PERROQUET. —Ran plan, plan, plan, plan!

UN FLATTEUR. — Titine ne se relèvera pas de votre dernier feuilleton.

JULES BODIN, *écrivant toujours.* — « Où sont les honnêtes gens d'il y a vingt-cinq ans, d'il y a trente ans? où sont les drames pleins de terreur et de pitié? où sont les beaux livres émus et les vaillants poëmes? Hélas! nous n'avions que trop de raisons de le dire : le grand art d'écrire est perdu! le grand Pan est mort! Il n'y a plus que moi de galant homme dans ce siècle, et puis Viennet, qui a fait *la Jeune Nièce.* Hors de là, tout n'est que purulence et biographie, abjection et réalisme, haillons hideux, la boue avec l'encre, la souquenille du paillasse aviné, les Muses qu'on traîne au ruisseau, le carnaval dans la rue et dans les mœurs, le carnaval braillard, insolent, féroce, stupide, qui ne m'ôte même plus son chapeau quand je passe; ô profond oubli! ô coupable ingratitude! ô l'outrage trois fois pénible à mes loyales années, à mon travail clément, à ma joie de chaque jour et de chaque page! A quoi sert donc aujourd'hui à l'écrivain sincère d'avoir été dans son enfance, comme Horace, couvert de branches de myrte et de laurier sacré par les colombes mystérieuses du Vulture, qui s'élève comme une borne milliaire entre la Pouille et la Lacouie? Le carnaval, les honnêtes gens, Tertullien, la pièce nouvelle, les biographes, quoi de plus encore! Et Diderot? en voilà un! quelle fougue! quelle conviction! quels muscles! quelle belle robe de chambre! »

LE PERROQUET. — *J'ai du bon tabac dans ma tabatière!...*

UNE DANSEUSE. — Adieu; je vais chez Paul de Saint-Victor.

UNE CHANTEUSE. — Et moi, chez Jouvin.

JULES BODIN, *écrivant toujours.* — « Cric! crac! continuons. La machine a repris de l'eau. J'irai comme cela jusqu'à demain, jusqu'à après-demain, et même jusqu'à Tiflis, comme Alexandre Dumas, l'Alexandre du conte et de la comédie; et, pour m'arrêter, il faudra me saisir à bras-le-corps. Encore, ne le pourriez-vous pas sans danger, ami Ariste, ami véritable, ami dévoué, le confident et l'émule, celui qui écoute et celui qui console. Ah! il a des bottes, il a des bottes, bottes, bottes, bottes, bottes, bottes, bottes, bottes... »

IV

L'AMANT

(Le théâtre offre un boudoir. M. d'Olmuz, repoussant une femme de chambre, qui lui affirme que madame est indisposée, se trouve face à face avec Céluta, jeune, radieuse, la perle aux dents, une nuance d'impatience dans l'épaule gauche, adorablement satinée, qui sort à demi d'un peignoir de cachemire. — M. d'Olmuz voudrait bien ne représenter que quarante-cinq ans, en se fondant sur ses cheveux ruisselants de blondisme et sur une maigreur de bon goût, qui lui permet de ne laisser arriver sa redingote qu'à sept ou huit lignes au-dessus du genou. Mais comment lutter avec ces pattes, dont aucune oie de Saintonge ne saurait égaler la démesurance, et que dix-sept couches de blanc de perle, caressées par l'éponge d'un coiffeur épris, ne sauraient dissimuler tout au plus qu'au regard de Paul Foucher ?)

M. D'OLMUZ. — Il y a quelqu'un chez vous, Céluta, dans la pièce à côté.

CÉLUTA. — Vous croyez ?

M. D'OLMUZ. — J'en suis certain. J'ai entendu la porte se refermer au moment où j'entrais...

CÉLUTA. — Eh bien, voyez. Faites comme chez vous. (*Elle s'assoit sur un divan; M. d'Olmuz va à la porte.*)

M. D'OLMUZ. — La porte est fermée.

CÉLUTA. — Ah !

M. D'OLMUZ. — Oui, au verrou, en dedans.

CÉLUTA. — Eh bien ?

M. D'OLMUZ. — Eh bien, c'est la preuve que quelqu'un est caché là... là... vous comprenez !

CÉLUTA. — Bah !

M. D'OLMUZ. — Oh ! tenez, Céluta, ne m'exaspérez pas avec votre sang-froid ! Vous devez me connaître, cependant. Vous savez qu'il y a des moments où je ne me connais plus, où...

CÉLUTA. — Prenez garde à vos favoris ; ils vont déteindre.

M. D'OLMUZ, *pâlissant.* — Céluta !

CÉLUTA. — Allons, enfoncez la porte, tuez le monsieur, et finissez-en. Cela me fatigue, à la fin.

M. D'OLMUZ. — Il y a donc... quelqu'un ?

CÉLUTA. — Il faut croire.

M. D'OLMUZ. — Ah ! (*Il se précipite vers le cabinet ; Céluta le devance et se place devant lui.*)

CÉLUTA. — Dites donc, savez-vous que vous n'êtes plus drôle, vous ?

M. D'OLMUZ. — Plus drôle ?

CÉLUTA. — Et que, du moment où vous voulez faire du *brisacque* ici, vous êtes un fameux pistolet, encore!

M. D'OLMUZ. — Céluta!

CÉLUTA, *les poings sur la hanche.*—Monsieur!

M. D'OLMUZ, *mettant sa tête entre ses mains.*—Oh!!!

CÉLUTA. — Mais c'est vrai, cela! ces vieux sorciers, cela se croit tout permis! cela crie et gesticule comme à vingt-deux ans! As-tu fini, Saint-Cyrien de mon cœur? Des nerfs! Est-ce à ton âge qu'on se charpente le bourrichon dans ces prix-là? — Eh bien, oui, il y a quelqu'un dans ce cabinet. Après?—Quelqu'un de plus joli et de plus aimable que toi, rhumatisme de la grande armée! Quelqu'un qui m'envoie tous les jours des violettes à dix sous le tas, que je fourre dans mon sein, tandis que tes camellias se pavanent sur ma cheminée, au bénéfice de ma femme de chambre! — Quoi! tes procédés? du palissandre de la rue de Cléry, et un chalet dans le plâtras d'Asnières, où tu ne m'amènes à dîner que des têtes chauves comme toi, qui m'appellent *belle dame*, en me serrant les ongles; des êtres écarlates au dessert, et dont le cou fait bourrelet par derrière sur leur cravate blanche! J'en ai assez, mon bonhomme, et de toi aussi. Cela ne vaut pas le plaisir d'aller et de venir à mon gré, de souper chez Leblond et d'avoir, quand je

veux, ma place chez Sari, dans *la loge de Geor-
gette.* — Ne faut-il pas te sacrifier ma jeunesse,
par hasard? Et, quand tu m'auras bien aimée,
comme tu dis, quand tu auras fait pour moi toutes
les petites bêtises, si parfaitement raisonnées, que
je les perce à jour, en serai-je plus avancée, je te
prie? Regarde donc de quelle nuance est mon œil.
— Allons, ne pleure pas, mon vieux Armand. Cela
devait finir comme cela, tôt ou tard; je sais bien
que tu as été bon pour ta Céluta, qui pensera toujours à son petit pépère. Mais aussi pourquoi
t'aviser d'être venu à des heures impossibles? Tu
n'es pas raisonnable. Marie va t'éclairer. Allons,
demain tu me jugeras mieux. Il faut se faire une
raison. Bonsoir... bonsoir! (*M. d'Olmuz sort en
chancelant.*)

LES

PROFESSEURS DE DÉCLAMATION

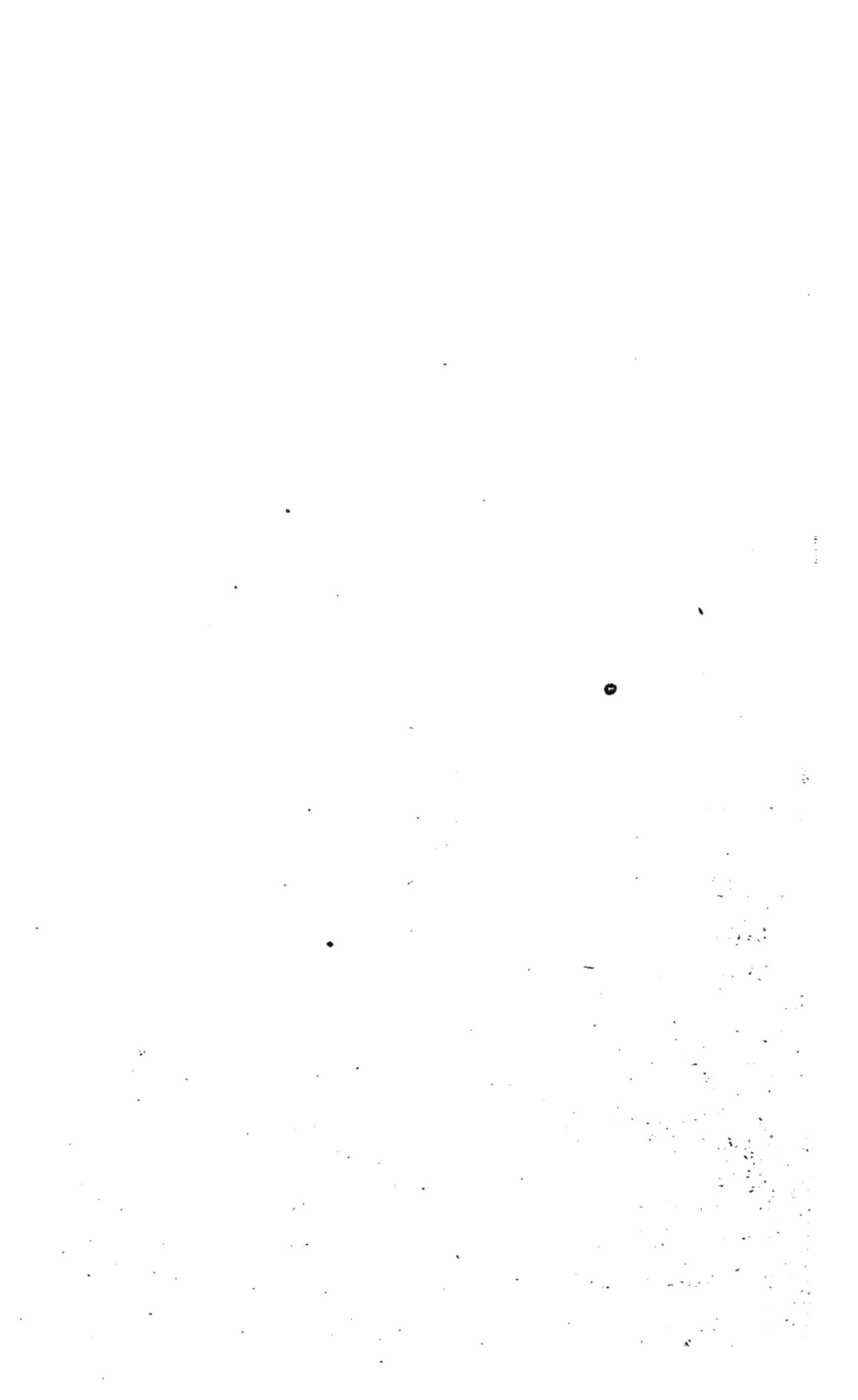

LES PROFESSEURS DE DÉCLAMATION

AUTREFOIS

Un peu d'histoire. — « Comment fais-tu quand tu dis *u ?* »—Texier, Tonnelier. — *Cadet-Roussel professeur de déclamation.*—Salles de spectacle à louer.

Nous allons essayer de dire comment se font, en dehors du Conservatoire, les acteurs et les actrices, toute une population, tout un monde encore à demi plongé dans les régions de l'inconnu! — Nous allons prendre l'amoureuse dans ses langes, l'amoureux au sortir de l'alphabet; nous allons suivre Célimène dans le maigre tartan de sa quatorzième année, et Clitandre à l'heure où il ne sait ni parler, ni écouter, ni marcher, ni rester immobile.

On naît comédien, — on devient acteur. Dans la cavalerie, il faut six mois pour bien dire : « Cavaliers, en avant! » Au théâtre, il faut un an pour scander correctement le discours d'Auguste ou le songe d'*Athalie*.

Il est presque absolument impossible, à moins d'être une organisation de génie, comme Frédérick Lemaître, de se passer des leçons préparatoires d'un professeur. L'étude des longues et des brèves, des exigences de la respiration, des *temps*, des changements de ton, est indispensable à qui veut prendre fréquemment la parole en public. « Comment fais-tu quand tu dis *u?* demande M. Jourdain à Nicole. Et M. Jourdain a raison de s'émerveiller de la science de son maître de philosophie.

Ceux qui apprennent à dire *u* ont été de tout temps fort nombreux à Paris. Ne remontons pas plus de cent ans : nous trouvons dans la dernière moitié du XVIIIᵉ siècle un nommé Tessier ou Texier, auteur (en collaboration avec M. Levacher de Charnois) du *Maître de déclamation*, comédie en un acte, représentée sur le théâtre des Variétés-Amusantes, le 14 novembre 1782. Cette comédie, ou plutôt cette suite de scènes dialoguées, contient un éloge de l'art dramatique, considéré comme élément moral; c'est suprêmement ennuyeux.

Texier ou Tessier était lui-même un professeur de déclamation; il avait établi, au Palais-Royal, une école sous le titre de *Musée des Enfants;* plus tard, il fit des lectures publiques.

En 1794, les feuilles nous indiquent l'École dramatique de Tonnelier, rue de Cléry, 111, au coin de la rue Poissonnière. Tonnelier a formé des élèves qui ont figuré à la Comédie-Française, Damas entre autres.

Puisque nous faisons un peu d'histoire, — si peu que rien, — rappelons une des plus bouffonnes créations de Brunet : *Cadet-Roussel professeur de déclamation,* par Aude. Cette farce supporterait parfaitement aujourd'hui encore la représentation.

Cadet-Roussel y cumule le métier de barbier avec celui de professeur ; entre deux barbes, il fait répéter une tragédie de M. Beuglant, poëte du quartier :

Je n'ai que toi, Phanor, dans ce désert sauvage.
Voici comment l'hasard m'a fait voir ce rivage :
Je naquis, je vivais dans les remparts de Tours,
A l'ombre des pruneaux...

« BEUGLANT, *le soufflant.* — Des pruniers !

» CADET-ROUSSEL. — Comment! des pruniers? (*Montrant le manuscrit.*) Des pruneaux, vous dis-je.

» BEUGLANT. — C'est que c'est une faute d'impression dans le manuscrit. D'ailleurs, est-ce que les pruneaux donnent de l'ombre?

» CADET-ROUSSEL, *continuant :*

A l'ombre des pruniers, j'y voyais mes amours...
« Jeune homme, me dis-tu, je connais l'oncle infâme
Qui voudrait désunir deux cœurs qu'amour enflamme. »
En effet, cher Phanor, mon oncle le frotteur...

» BEUGLANT, *soufflant* — Le doreur!

» CADET-ROUSSEL. — Oui, la rime est plus riche.

Mon oncle le doreur
S'opposait à nos nœuds et faisait mon malheur.
Venez, poursuit le Turc, au sein de la fortune!
Il portait sur son front la moitié de la lune,
Des perles, des rubis. Tremblants au premier choc,
Nous croyions voir tous deux l'empereur du Maroc!

» BEUGLANT. — C'est divin!

» CADET-ROUSSEL. — C'est détaillé, c'est fini! Diction, épanchement, chaleur, c'est consumé. M. Talma, qui passe pour un malin, ne dirait pas ça comme moi; je l'en défie bien. »

Cette scène, avec les exagérations de costumes

et le jeu de Brunet, vaut certainement la plupart des *cascades* de ce temps-ci.

*

Depuis cette époque, le goût du théâtre n'a fait que se populariser. Des industriels sont venus en aide aux apprentis comédiens et aux professeurs, en faisant construire, dans tous les coins de Paris, de petites salles de spectacle, qu'on loue à des sociétés comme on loue des cabinets de restaurant. — La salle de Doyen, rue Transnonain, a été la plus célèbre; tous les artistes de la période de 1830 sont sortis de là. Doyen n'était pas un professeur : on s'essayait chez lui, voilà tout.

Ensuite est venue la salle Chantereine, rue Chantereine, aujourd'hui rue de la Victoire. La salle Chantereine a eu des soirées brillantes.

Rappelons aussi :

La salle Génard, rue de Lancry, où madame Arnould-Plessy a commencé;

La salle de la rue de Lesdiguières, dirigée par un M. Thierry;

La salle de l'impasse de la Grosse-Tête, près de la rue du Caire;

La salle Molière, rue Saint-Martin, tantôt théâtre payant, tantôt théâtre de société;

Et bien d'autres, — rue Saint-Antoine, rue du

Renard-Saint-Merry, rue des Martyrs, etc. Ces salles n'existent plus maintenant ou ont reçu d'autres destinations. A leur place, nous avons aujourd'hui l'École lyrique, la plus hantée de toutes ces petites usines dramatiques.

L'ÉCOLE LYRIQUE

La rue de la Tour-d'Auvergne. — Achille Ricourt.— Sa vie, ses travaux. — Une répétition. — *Éléganté*, *Montagna*, *Superbalandor.* — La scène des marquis, du *Misanthrope.*—Garçon, une choppe ! — Principaux élèves de Ricourt.

Au numéro 16 de la rue de la Tour-d'Auvergne, on voit cette enseigne en lettres rouges, surmontant une petite boutique : *École lyrique.*

La maison est vaste et de convenable apparence; mais la petite boutique n'inspire aucune considération; on serait même tenté de croire qu'une de ses vitres

A sur le cristallin une taie en papier.

Mais, en s'approchant, on s'aperçoit que cette taie est une affiche, moitié imprimée, moitié écrite à la main, et dont la teneur est celle-ci :

COURS PUBLIC D'ART THÉATRAL

Pendant tout le mois, on représentera, les mardis, jeudis et samedis

AGNÈS DE MÉRANIE.

PAR PONSARD

UN CAPRICE

PAR ALFRED DE MUSSET

Prix du cours : 10 francs par mois.

Si la curiosité vous engage à tourner le bouton de cette porte vitrée, vous vous trouvez, à votre grande surprise, dans une petite salle remplie de fumée de tabac. C'est un estaminet. On s'y empresse, d'ailleurs, de vous informer que l'entrée de l'École lyrique est dans le couloir à gauche. A la bonne heure !

Ce corridor long et sinueux est tapissé d'adresses de costumiers et de fabricants de perruques ; — il aboutit à une salle de théâtre, très-habilement distribuée dans ses minimes proportions, mais délabrée à un tel point, que les larmes vous en viennent aux yeux.

L'École lyrique a cela de particulier qu'on y apprend tout, — excepté le chant.

Le *deus* de cette machine est le célèbre Achille Ricourt, un professeur déjà légendaire, le type le plus en dehors de la banalité humaine.

Ce prénom d'Achille n'a pas été sans influence sur sa destinée.

Pour les dictionnaires biographiques, — Achille Ricourt est né à Lille; il a étudié la peinture à l'atelier de Guérin, avec Géricault, Ary Scheffer et Eugène Delacroix. En 1831, il a fondé le journal *l'Artiste*, qui est aujourd'hui la plus brillante des revues parisiennes aux mains de M. Arsène Houssaye. Ricourt a puissamment contribué à la réaction classique en s'employant de toutes ses forces pour la représentation de *Lucrèce*. Il était aidé, dans cette lutte littéraire, par le libraire Furne, par le directeur Lireux et par deux compatriotes du poëte, Charles Reynaud et François Ducuing. Passionné pour le théâtre, il a tourné depuis long-temps toutes ses facultés vers l'enseignement dramatique, où il s'est acquis une légitime réputation.

Signe particulier : Ami de Jules Janin, qui, pour lui, a parodié deux vers fameux :

> Sur la scène jamais il ne voulut paraître.
> Il fit des comédiens et ne daigna pas l'être.

Voilà le Ricourt des dictionnaires biographiques, le Ricourt de l'histoire sèche et décolorée.

Mais le Ricourt de la vérité et de l'enthousiasme, le nôtre, le vôtre, celui de la rue de la Tour-d'Auvergne et de tout Paris, le Ricourt vivant et bouillant, — c'est bien autre chose, je vous le jure!

Regardez-le : il passe, secouant un grand paletot blanc sur ses reins; sa taille est haute, son œil est fier, son geste est celui du commandement, — je dirai même plus, — du despotisme. Une inamovible cravate de mousseline ceint un cou gonflé de veines tragiques. Tout en lui est fébrile; sa volonté a peine à retenir son bras sans cesse tendu pour invoquer les dieux; sa jambe frémit, ses cheveux ont peur de son crâne; il ne parle pas, il tonne; il pose les deux mains sur ses interlocuteurs comme sur une proie; il les pétrit, il les tapote, il leur fait la grimace, il éclate sur eux comme la foudre; puis il les quitte soudain. Où va-t-il? Il l'ignore. Il erre, poursuivi par le spectre de l'art dramatique, qui lui crie : « Marche! fais de la propagande! régénère le théâtre. » Et Ricourt dépense des efforts surhumains pour produire des élèves supérieurs; il les couve en manière de poule inquiète, il les nourrit des plus succulents morceaux de *l'Honneur et l'Argent*, il bêche avec héroïsme les terrains les plus ingrats, il découvre des vocations là où des esprits moins clairvoyants ne distingueraient que de bourgeoises aptitudes; il racole et embauche des artistes dans les magasins de nouveautés, derrière les bocaux des boutiques d'épicerie, et jusqu'au pied de l'échelle que s'apprête à gravir un simple gâcheur, pour lequel Ricourt rêve déjà les rubans verts d'Alceste ou le diadème d'Agamemnon !

Il est dix heures un quart du matin.

Nous allons vous conduire à la classe d'Achille Ricourt.

Quinze ou vingt jeunes filles garnissent un des côtés du parterre de la salle de l'École lyrique ; l'autre côté est occupé par un nombre à peu près égal de jeunes gens.

Quelques mères sont disséminées çà et là et donnent de la gravité à l'assemblée.

Ricourt se tient à la porte d'entrée, comme le dernier des spectateurs, le chapeau en arrière, les mains derrière le dos.

Sur la scène, sont les élèves qui répètent. A leur gauche, assise sur le rebord d'une loge, les deux mains dans son manchon, on reconnaît l'élève favorite d'Achille Ricourt, celle qui lui sert de *moniteur*, qui le remplace pendant son absence et qui fait exécuter les exercices ordinaires. Ricourt l'a surnommée Agrippine, en souvenir du rôle qu'elle interprète le mieux.

La séance commence.

RICOURT. — Voyons, dépêchons-nous, nous

sommes en retard... Clotilde, à ta place !... Bien...
Mademoiselle, vous, la petite blonde... là-bas,
oui... montez sur le théâtre... je ne me rappelle
jamais votre nom. (*S'adressant à n'importe qui.*)
C'est vrai, je ne sais pas le nom de mes élèves...
j'en ai tant vu ! Janin est comme cela, du reste...
Allons, mademoiselle, la gamme.

Pour l'intelligence de ce qui va suivre, il est
nécessaire d'expliquer qu'Achille Ricourt, après
de nombreux travaux euphoniques, a résumé les
trois faces de l'art dramatique : — la comédie, le
drame, la tragédie,—à l'aide de trois mots imitatifs,
qu'il a laborieusement forgés.

Ces trois mots, les voici :

ÉLÉGANTÉ ;

MONTAGNA ;

SUPERBATANDOR.

C'est ce que Ricourt appelle la gamme et ce
qu'il fait étudier avec insistance à ses élèves, pré-
tendant que, de l'articulation intelligente de ces
trois mots, dépend tout leur avenir.

RICOURT. — Y êtes-vous, la petite? Eh bien,
allez.

L'ÉLÈVE. — *Éléganté !*

RICOURT, *fronçant le nez.* — Quoi?

L'ÉLÈVE. — *Éléganté !*

RICOURT. — Hum !... c'est mieux... cependant
ce n'est pas encore cela. Tenez, regardez bien.

Ricourt lève un bras, l'allonge, forme un rond avec le pouce et l'index, détache violemment ces deux doigts, roule des yeux de chat en bonne fortune et laisse mélodieusement glisser entre ses lèvres le suave *é-lé-gan-té*.

RICOURT. — Comme cela, voyez-vous... un susurrement... une vibration... A ton tour, Agrippine, à ton tour, mon enfant... fais voir comme tu sais travailler la gamme... Va, va.

AGRIPPINE. — *Éé-léé-gan-ttéé* !

RICOURT. — Bien ! très-bien ! voilà le ton de la comédie, voilà l'esprit, le brio, le piquant... tu peux jouer les soubrettes de Marivaux ; tu as du galoubet... Très-bien, ma fille ; soigne tes coins de bouche... c'est important... tu iras aux Français... Tu me rappelles Contat, avec plus de fermeté... Continue ! (*De l'air de quelqu'un qui casse une noisette.*) Continue !

AGRIPPINE, *grave, croisant les bras et enflant les joues, comme pour jouer du trombone.* — *Montagna* !

RICOURT. — C'est cela ; juste... *Montagna* ! la comédie sérieuse, le drame robuste ; voyez, mesdemoiselles... *Montagna* ! cela signifie la puissance, la force, l'Hercule Farnèse appuyé sur sa massue, la dignité sans courroux... Il faut avoir du biceps dans le gosier pour prononcer ce mot-là. Très-bien ! ma fille. (*Se tournant vers n'importe* quoi.) Elle me rappelle Dorval, n'est-ce pas? ne trouvez-vous pas? qu'en pensez-vous? Dorval, avec la certitude en plus... Ah! parbleu! c'est évident, la certitude... c'est là qu'il faut arriver... Un bossu peut jouer Achille (*Avec fureur*); il peut y être superbe!... Lekain était-il beau? Non... Alors, vous voyez bien... Va toujours, ma fille... ils te demanderont aux Français; il faudra bien qu'ils te prennent... Continue, je t'écoute.

Agrippine décroise les bras, les roidit convulsivement, déroule ses cheveux d'un violent coup de tête, retient sa respiration comme si elle voulait plonger et devient en peu de temps rouge et bleue; son sein ondule, son corset semble habité par un boa. Elle fait enfin explosion, et lance aux quatre vents de la salle de l'École lyrique :

— *Superbatandor!!!*

Ricourt ne se possède plus; il saute en l'air, et ses genoux vont choquer son menton.

RICOURT. — Bravo! magnifique! Tu y es, mon enfant. Tu as trouvé. *Superbatandor!* Saluez la tragédie! c'est la tragédie! Appuie bien sur l'*r*, ma fille, tout repose sur l'*r*, c'est le grand secret. J'ai appris à articuler l'*r* en suivant pendant quelque temps l'école des tambours. *Superrrbatandorrr!* Comprends-tu maintenant? Il faut du *ra*... le *fla* est plus particulièrement affecté à la comédie... Je suis rationnel... Beauvallet le sait... Il n'est pas sans talent, et, s'il avait voulu, je l'aurais perfectionné. Mais, toi, tu seras ma gloire, ma fille, mon enfant bien-aimé. (*Se tortillant gracieuse-ment.*) C'est mon enfant. Aussi, comme elle dit Racine! (*Agrippine s'apprête à dire Racine.*) Non, non; c'est inutile... je te connais... qui te connaîtra, si ce n'est moi?

Va, va, mon intérêt ne me rend point injuste.

Reconnais-tu ce vers? « Il faut de l'intelligence pour lire Racine, mais pour le jouer il faut du génie.» Et qui est-ce qui s'exprime ainsi? (*Rugis-sant.*) Ce n'est pas moi! ce n'est pas moi! c'est Diderot, le grand Diderot... Je ne l'ai pas connu, et je le regrette. N'importe, ta place est aux Français; tu nous rendras Rachel... avec plus d'ampleur... c'est moi qui te le dis. Repose-toi, mon Agrippine; va t'asseoir, ma reine.

Ici, Ricourt se tourne vers les jeunes gens; il les compte du regard.

RICOURT. — A nous autres, maintenant. Dépê-chons-nous; Ponsard m'attend pour déjeuner... Creusons notre Molière... Molière! (*Il se dé-couvre.*) Voyons... la scène des marquis, du *Misanthrope*. Toi, monte ici; je ne sais pas ton nom... Hein? Jules?... Jules ou autrement, cela m'est égal. Place-toi là... là... là, on te dit! (*Il le prend par les épaules.*) Et ton ami, un peu plus en arrière. Ne bougez pas; vous n'entrez pas encore. Louisa! arrive; tu représenteras Éliante... Sommes-nous au complet, comme cela?... Ah! il faut un Acaste... Sophie!

SOPHIE. — Monsieur Ricourt?

RICOURT. — Viens faire Acaste, ma chatte.

SOPHIE, *boudant.* — Mais, monsieur Ricourt, vous me faites toujours faire Acaste; c'est un rôle d'homme.

RICOURT. — Je le sais bien, parbleu! que c'est un rôle d'homme... et un rôle magnifique encore!... Je l'ai vu jouer par Armand... Viens faire Acaste, cela t'apprendra à phraser... tu ne phrases pas.

LA MÈRE DE SOPHIE. — Vous ferez le rôle de l'homme, mademoiselle, puisque M. Ricourt vous le dit. Il faut de la soumission à son maître. Je sais cela, moi... Quand on a été dans le commerce, on peut aller partout la tête levée... l'habit ne fait pas le moine... Car ce n'est pas pour me vanter, mais je peux dire...

RICOURT. — Taisez-vous donc là-bas! (*A Sophie.*) Prends la brochure. Allons, commencez. A toi, Louisa; c'est Éliante qui parle.

LOUISA. — *Voici les deux marquis qui montent avec nous.*

RICOURT. — Non!

LOUISA. — Comment! non?

RICOURT.—Non ! non !... Tu dis : *Voici les deux marquis*, comme tu dirais : « Voici le charbonnier. » Recommence-moi cela. La tête un peu plus levée. Ce n'est pas aux planches que tu t'adresses, c'est à moi. *Voici les deux marquis*... Tu te tournes vers la porte, tu les annonces en souriant. *Voici les deux marquis*... c'est-à-dire une visite agréable, deux jeunes gens de la cour... Appuie avec complaisance sur la qualité de marquis... *Deux marquis*... diable ! peste ! oh ! oh !—Allons, poursuis. *Vous l'est-on venu dire ?*

LOUISA. — Quoi, monsieur Ricourt ?

RICOURT. — Comment, quoi ?

LOUISA. — Oui, quoi ? Je n'en sais rien, moi.

RICOURT.—Mais c'est la suite du rôle d'Éliante. (*Il hausse les épaules.*) Veux-tu continuer, oui ou non ?

> Voici les deux marquis qui montent avec nous ;
> Vous l'est-on venu dire ?

De la souplesse, ma biche... détache bien le pronom... *Vous l'est-on venu dire ?* en êtes-vous informée ? le saviez-vous ?... Tu es la cousine de Célimène ; il s'agit d'attirer l'attention par ta grâce, ta bonne humeur... *Vous l'est-on venu dire ?*

La séance continue.

Quand Ricourt est parvenu à former un sujet dont il est satisfait, il faut voir avec quel zèle et quelle flamme il prépare son exhibition.

La veille du grand jour, il houle et roule dans tous les endroits publics comme une Renommée désemparée. Son dernier abordage a lieu ordinairement dans la brasserie bavaroise de la rue des Martyrs. Il y entre à pleines voiles, vers les onze heures du soir, — haletant, — mais toujours fort, parce qu'il a la volonté. Il vient à vous, il vous empoigne le bras et le secoue comme un peuplier.

— C'est demain ! s'écrie-t-il, c'est demain ! Je lance mon Édouard dans trois pièces, rien que cela ! Il ira, je suis sûr de lui. Je n'en aurais pas répondu il y a un mois ; mais, aujourd'hui, c'est différent : le gaillard est à point... Venez tous... la critique y sera, Janin y sera... il me l'a promis ce matin... Ce sera un événement. (*Secouant Fernand Desnoyers.*) Tu ne t'imagines pas ce que c'est, Desnoyers ; ils n'ont rien de pareil aux Français... Ponsard y sera aussi... Ponsard, le sublime antimoderne, le seul poëte lyrique de notre temps !

UN JEUNE HOMME *aux cheveux rejetés en arrière et arrêtés sur les côtés par de grandes oreilles.* — Le seul poëte lyrique... hum !... Et Hugo, monsieur Ricourt, et Hugo ?

RICOURT, *se trémoussant.* — Je sais bien, Hugo...

parbleu! nous sommes d'accord... de grandes machines à la Michel-Ange... l'anatomie du lyrisme... c'est beau... c'est hardi... mais après? et puis, quoi? Je donnerais deux cents canettes de Hugo pour un petit verre de Racine. (*A un garçon.*) Garçon, apporte-moi une choppe... une choppe, mon enfant... bien fraîche.

LE GARÇON. — Voilà, monsieur!

RICOURT, *s'arrêtant subitement.* — Hein?... Répète un peu.

LE GARÇON. — Voilà, monsieur.

RICOURT. — L'organe est bon... sonore... métallique. Tu me rappelles Saint-Prix. J'avais douze ans quand j'ai vu Saint-Prix. Viens chez moi, mon enfant. Pas de hasard, messieurs... l'art procède comme la géométrie... l'organe est tout... ce garçon l'a. Que cherchons-nous, nous autres? L'angle droit! c'est la méthode des anciens... Le grand Fleury me le disait : « Ce qui perd les comédiens modernes, c'est qu'ils disent toujours : deux et deux font cinq cent mille. Aucun ne veut dire : deux et deux font quatre. » Eh bien, tout est là... c'est le résumé de l'art... deux et deux font quatre... Ce garçon a un bel organe... c'est la même chose. Voilà pourquoi Fleury ne valait pas Molé... Molé, Grandval... Grandval, Baron... et Baron ne valait pas Molière... Deux et deux font quatre... c'est simple et c'est tout. (*Il boit et sort.*)

Empressons-nous de déclarer que cette prodigieuse surexcitation recouvre un jugement très-sûr pour les choses de la rampe, et que les innocentes excentricités du professeur Ricourt n'altèrent en rien une méthode dont les résultats ont toujours été excellents pour les organisations réellement artistiques.

Le nombre de ses élèves est considérable; pour ne citer que les plus récents, inscrivons ici les noms de mademoiselle Stella Collas, de la Comédie-Française; de madame Méa, de l'Odéon (jadis figurante au Gymnase sous le pseudonyme d'Antonia), de mademoiselle Emma Delille et de M. Hector Delille, son frère.

Plus nombreux encore sont ceux auxquels Ricourt a donné ses conseils et qui sont venus chercher auprès de lui un supplément d'expérience, un perfectionnement. Il a fait confier à Bignon le rôle de Danton dans *Charlotte Corday*.

Ricourt déjeunait, un matin de 1832, chez Cremer, en compagnie de M. Ferdinand Flocon, de M. Paulin et de quelques autres personnes, lorsqu'une toute jeune fille, presque une enfant, demanda à lui remettre une lettre de recommandation. C'était Rachel; elle s'appelait alors Élisa. Ricourt l'accueillit avec intérêt, et remarqua déjà en elle ce quelque chose d'étrange et de farouche qui devait plus tard devenir du génie.

Achille Ricourt ne publie pas toujours ses œuvres... de temps en temps... pièce actuellement... Timon de Corinthe d'Armand Barthet, une charmante comédie en trois actes en vers.

Récemment, c'est-à-dire il y a deux mois environ, peut-être davantage, Ricourt a monté, avec un certain nombre de... livres et d'affiches imprimées... remarquable. Père et fille, par M. Xavier Forneret. — Un autre jour, nous ferons connaissance... nommé M. Xavier Forneret, une des personnalités les plus originales de ce temps, et dont... plus curieux à examiner de près.

ÉCOLE DE BONDEVILLE

Henri-Bonaventure Bondeville. — Trois ans d'Odéon... — La Monnaie, par Andrieux. — A quoi peuvent servir deux vers de Voltaire.

Henry Monnier a fait une spirituelle aquarelle de lui-même, dans le rôle de Labranche, de Crispin ou de son maître : la grande livrée, le tricorne... l'oreille, la main gauche dans le gilet, un nez

qui flaire les exempts à cent pas. Charles Boudeville, en effet, excelle dans les valets, les Figaros ;
c'est un des bons élèves du Conservatoire. A
l'Odéon, on se souvient de sa création du villa-
geois Jacquin dans *Grandeur et décadence de
Joseph Prudhomme;* c'est à lui que M. Prudhomme disait sentencieusement : « Tous les hommes
sont égaux ; il n'y a entre eux d'autres différences
que celles de la nature. »

Il y a quatre ans que Boudeville a quitté l'Odéon,
pour des raisons étrangères au théâtre, et qu'il
est devenu professeur, — accidentellement. Aujourd'hui, il reste professeur, à cause du succès
qui s'est attaché à son cours. Des affiches jaunes,
sur les principales murailles, nous apprennent que
ses leçons ont lieu trois fois par semaine, faubourg
Montmartre, 29.

Nous avons voulu assister à ces leçons,—et, un
beau matin, nous sommes tombé chez lui en plein
Manteau d'Andrieux.

Le Manteau est la pièce favorite des professeurs
de déclamation, pour trois ou quatre raisons :

Parce qu'elle n'a qu'un acte ;

Parce qu'elle est en vers ;

Parce qu'il y a un rôle de femme travestie en
homme.

Une douzaine de jeunes et très-jolies personnes
étaient rangées, brochure à la main, dans le salon

de Boudeville, au moment de notre entrée. Le trouble pudique qui s'empara d'elles à notre aspect suspendit la répétition pendant quelques minutes ; il fallut que Boudeville leur assurât que nos dispositions n'avaient aucun caractère d'hostilité; loin de là.

On nous permit alors de nous asseoir dans un coin de l'appartement, — et d'écouter.

Boudeville se donne beaucoup de mal ; il ne laisse point passer une inflexion de voix douteuse; il fait recommencer dix fois la même tirade.

Ses principales élèves sont : Mesdames Ramelli, Chatillon, Solange, Malvau, Angeline Thèse.

*

Boudeville fait une vive chasse à l'accent. Il a des phrases pour tous les vices de prononciation, des entrelacements de syllabes et de consonnes qui équivalent aux cailloux de Démosthènes, de vols d'*l* pour ceux qui grasseyent, des mousquetades d'*r* pour ceux qui bégayent.

Oui, Mitrame, en secret l'ordre émané du trône
Remet entre ses bras Arsace à Babylone.

Ce sont deux vers de la *Sémiramis* de Voltaire. Lorsque le sujet est parvenu à les articuler aisément, on remplace l'*r* par *tede*, ce qui transforme ainsi le distique :

Oui, Mitedame, en sectedet l'otedede émané du tedone Tedemet entede ses betedas Atedesace à Babylone.

Fortement secoués, ces deux vers pourraient encore servir à rincer les bouteilles.

Boudeville a pour les commençants des formules plus simples, telles que celle-ci :

« Trois gros rats dans trois grands trous rongeant trois gros fromages. »

Ou bien encore :

« Gros gras grain d'orge, quand te dégrosgras-graind'orgeriseras-tu ? »

Il est enjoint à l'élève de murmurer ces paroles stupido-magiques à toute heure de la journée, pendant les repas, — où elles servent à activer la digestion, — et jusque dans le sommeil.

L'ÉCOLE D'ALBERT, DIT PIFFARD

Invocation. — Naissance de Piffard. — Ses amours.
—Où est située l'école de Piffard.—Une librairie dans
une armoire.— Mademoiselle Anna Debonne.

Muses immortelles ! Muses héroïques et sou-
riantes, aux cheveux déroulés par la haine ou au
sein découvert par l'amour, filles de haute et superbe maison, vierges pour rire et pour pleurer,
Thalie dont le brodequin est serré comme celui
d'une lorette, Melpomène dont la main étreint un
nœud de serpents,—racontez-nous, s'il vous plaît,
ce que c'est qu'Albert, dit *Piffard* !

Les Muses ont répondu :

« Pierre Albert est un petit Parisien, qui n'a
rien de la divine beauté du Méléagre. Le surnom
de *Piffard*, justifié par l'ampleur triomphante de
son nez, lui a été donné par Esther de Bongars,
l'incomparable Zéphirine des *Saltimbanques*. —
Pierre Albert a suivi le cours de Saint-Aulaire, à la
salle Génard, rue de Lancry, et, plus tard, à la salle
Molière, où il se rencontra avec Rachel. Une folle
passion agita, prétend-on, la naissante tragédienne pendant quinze jours ; mais, malgré nos

efforts, nous n'avons rien pu arracher sur ce chapitre à la discrétion monumentale de Piffard, qui était digne de naître au temps heureux de la chevalerie. Plus tard, il entra au Conservatoire et y continua ses études en brillante et spirituelle compagnie : mademoiselle Denain, mademoiselle Augustine Brohan, mademoiselle Avenel, mademoiselle Zulma Restout, M. Berton. — Enjoué, affectueux et causeur bizarre, tel est Piffard. Nous l'aimons ! »

Nous avons ajouté au discours des Muses :

Il est peu de théâtres à Paris sur lesquels Piffard n'ait au moins montré le bout de son nez, — ce nez, qui n'a d'autre rival que celui d'Hyacinthe : en quinze ans, il a successivement projeté son ombre aux Variétés, au Gymnase (où une autre passion l'attendait), à la Porte-Saint-Martin, au Vaudeville. Un sort jaloux relégua continuellement Piffard sur les deuxièmes plans ; peut-être aussi doit-il s'en prendre à la faiblesse de sa voix. — Toutefois est-il qu'après avoir joué dans un grand nombre de pièces, *les Filles de marbre*, *les Parisiens*, *la Joie de la maison*, il sortit du Vaudeville pour se consacrer tout entier à l'enseignement dramatique.

Bornons là les principales lignes biographiques de son existence.

★

Piffard joue les comiques,—mais il enseigne les grands rôles.

Il recrute de préférence ses élèves dans le beau sexe, — et il a bien raison.

Il a formé mademoiselle Hugon, mademoiselle Soubise, mademoiselle Meunier, mademoiselle Boulart, de charmantes femmes et de très-habiles actrices aujourd'hui.

Mais, à l'entendre, son meilleur sujet, celui sur lequel sa satisfaction ne tarit pas, est mademoiselle Anna Debonne, — une danseuse qu'il a changée en tragédienne.

Mademoiselle Anna Debonne débutait l'autre soir, à l'Odéon, dans *Iphigénie en Aulide ;* et le fait est qu'elle a été trouvée très-intelligente.

Donc, gloire à elle, et honneur à son professeur Pierre Albert, dit Piffard !

*

Maintenant, où est située l'école de Piffard, me demandera-t-on ?

Ah ! voilà !

Piffard est de la grande famille de Bias : il porte son école avec lui.

Il ressemble sous ce rapport à son frère Edmond Albert, qui était libraire et qui florissait, il y a huit ou neuf ans.

Cet Edmond Albert fut un des premiers éditeurs de Théodore de Banville et de Philoxène Boyer.

Seulement, il les édita dans une armoire.

Je m'explique : Edmond Albert faisait très-bien les choses ; il payait convenablement les deux poëtes, il imprimait leurs vers sur de magnifique papier ; mais, comme il manquait de relations avec les principales maisons de librairie de Paris, et que, d'un autre côté, il était assez prompt au découragement, — il enfermait l'édition entière dans une grande armoire.

Puis on ne le voyait plus pendant deux ou trois mois.

Ce mode de publicité, qui nous semblait un peu primitif, suggéra à l'un de nos amis la plaisanterie suivante, qu'il eut le crédit de faire insérer dans les faits divers du journal *le Pouvoir* : « La belle scène dramatique de M. Philoxène Boyer, *l'Engagement*, si bien interprétée par mademoiselle Judith, paraîtra très-prochainement *dans l'armoire de M. Edmond Albert, éditeur.* »

*

Par ce qui précède, nous ne prétendons pas insinuer que Piffard tient son cours de déclamation dans une armoire.

Nous ne voudrions pas lui nuire à ce point dans

l'esprit des mères qui *destinent leurs demoiselles au théâtre*.

Piffard donne des leçons particulières, c'est vrai ; mais il produit ses élèves, au fur et à mesure de leurs progrès, sur les scènes de la banlieue et dans les théâtres des environs de Paris, à Montmorency, à Saint-Cloud, à Choisy-le-Roi. Ce sont de ravissantes parties dans la belle saison.

L'ÉCOLE DUQUESNOIS

Depuis plusieurs années, on lit assez régulièrement, chaque samedi, dans les grands journaux : *Demain dimanche*, *M. Duquesnois récitera* LE LAC, *de Lamartine*, *avec accompagnement de musique*. Intrigué par cette annonce, nous nous sommes décidé à aller entendre M. Duquesnois.

M. Duquesnois est le directeur du *Gymnase de la parole* (pourquoi pas le *Trapèze de la prononciation ?*), situé dans le passage du Saumon. C'est un élève de Talma ; il en est resté au *Qu'en dis-tu ?* de *Manlius*, qu'il paraphrase avec enthousiasme tous les dimanches ; ce qui ne l'empêche pas d'interpréter quelques-uns de nos auteurs modernes, comme on voit.

Avec M. Duquesnois, et avec la musique, *le Lac* dure trois quarts d'heure environ. M. Duquesnois appartient, de toutes les manières, à l'ancienne tradition : débit mesuré, geste arrondi, œil inspiré. L'ancienne tradition est peut-être la bonne ; nous ne décidons pas. Il faudrait consulter M. de Lamartine.

Le petit théâtre du passage du Saumon, où M. Duquesnois exerce ses élèves, est très-joli. On le loue aux amateurs cinquante francs le jour, et cent francs le soir, tout éclairé.

Pourquoi donc alors les typographes (ces fanatiques de la comédie bourgeoise) préfèrent-ils le théâtre lointain de la rue Pascal, dit le théâtre Saint-Marcel ?

SALMIS DE PROFESSEURS

Aristippe. — David. — Ludovic Fleury. — Rey. — Nestor. — Oscar Rollin. — Delsarte. — Mademoiselle Georges. — Le professeur nocturne. — Le professeur dameret. — Le professeur à la tête de veau.

M. Aristippe Bernier est un des doyens du professorat ; on lui doit un livre sur *l'Art du Comédien*. Nous ne savons s'il enseigne encore.

Par exemple, nous savons que, toujours vert,

toujours noble, la jambe toujours tendue, la poitrine toujours effacée, M. David — une des figures les plus connues du boulevard Montmartre — continue, avec un zèle que rien n'arrête, ses greffes, ses boutures dramatiques, dans son rez-de-chaussée de la rue des Martyrs. C'est un beau causeur que M. David; dans les rôles chevaleresques, la Comédie-Française ne l'a pas remplacé. Il est vrai qu'on ne fait plus de rôles chevaleresques.

M. Ludovic Fleury est voué plus particulièrement à la culture des petites intelligences, qui bornent leur ambition à la comédie de genre et au vaudeville. Il fait beaucoup d'envois en province.

Un funeste accident (un breuvage pris pour un autre, nous a-t-on dit) a brisé en partie l'organe de M. Rey; réduit à des créations secondaires, l'excellent pensionnaire de l'Odéon se dédommage en donnant des leçons qui sont recherchées.

M. Nestor, du théâtre de la Porte-Saint-Martin, a dirigé, pendant quelque temps, un cours à l'École lyrique.

Enfin, M. Oscar Rollin, qui joue les Lepeintre jeune et remplit les fonctions de régisseur aux Délassements-Comiques, est, lui aussi, un professeur très-couru sur toute la ligne du boulevard du Temple; c'est le Samson du Château-d'Eau, — le Michelot des *bouis-bouis*.

Dans une rue perdue de Chaillot, vit un homme un peu mystique, un peu misanthrope, — Delsarte. C'est plutôt un professeur de chant qu'un professeur de déclamation ; cependant la déclamation tient une si grande place dans son enseignement, que nous ne pouvons nous dispenser d'inscrire son nom dans cette étude, — sur un feuillet à part. Il faut lui avoir entendu réciter *la Cigale et la Fourmi* ou *les Animaux malades de la peste* pour se rendre compte de tout le parti qu'on peut tirer de la parole humaine. Nul n'a plus fait *suer* le mot que Delsarte ; nul n'a plus dramatisé l'alphabet.

Un de ses meilleurs élèves est Darcier.

Nos pages sont bien étroites pour contenir la personnalité géante de mademoiselle Georges, et notre style est bien frivole pour raconter tant de renommée unie à tant d'infortune. Celle qui fut deux fois reine, qui gouverna successivement l'empire classique et l'empire romantique, l'Orient et l'Occident de l'art, donne aujourd'hui des conseils de majesté — au cachet — à des jeunes filles et à des jeunes gens qui, parfois, ne peuvent retenir devant elle leur attendrissement...

Saluons avec respect !

*

Et maintenant, — vous plaît-il que nous laissions

approcher les professeurs fantaisistes, macabres, exorbitants, qui encombrent, qui obstruent les avenues du théâtre, sous prétexte de les déblayer? Il y a là bien des physionomies singulières; l'une d'elles a tenté Paul de Kock, qui l'a dessinée avec une verve pleine de vérité dans le vaudeville de *Zizine, ou l'École de déclamation*, tiré d'un de ses propres romans.

On nous a montré un professeur qui tient tous les soirs son cours, de minuit à une heure, au coin de la rue Notre-Dame-de-Lorette et de la rue Saint-Lazare.

Il nous a été donné également de contempler le professeur céladon, — une variété infinie, — et d'être initié à quelques-unes de ses ruses. Pourquoi faut-il que la pudeur vienne clore nos lèvres de son doigt de rose?...

★

Mais le plus bizarre de tous ces personnages est sans conteste le professeur à la tête de veau.

Nous ne le nommerons pas, et cependant quelques-uns le reconnaîtront.

Il arrive à son cours le front haut, le regard profond. Il jette un coup d'œil sur son auditoire. Il s'assied.

LE PROFESSEUR. — Nous sommes au complet,

je crois. Je vais exposer aujourd'hui ma théorie du son. Mais où est donc ma tête de veau? Clément!

LE DOMESTIQUE. — Monsieur désire quelque chose?

LE PROFESSEUR. — Où est ma tête de veau? la tête de veau que j'avais demandée?

LE DOMESTIQUE. — Excusez-moi, monsieur, je l'ai oubliée.

LE PROFESSEUR. — Allez m'en acheter une tout de suite. Je ne peux pas professer sans tête de veau. Vous en trouverez chez le boucher d'en face. Allez vite.

LE DOMESTIQUE. — Avec du persil dans le nez?

LE PROFESSEUR. — C'est inutile. Vous m'apporterez en même temps un grand plat et un couteau de cuisine.

Les élèves s'entre-regardent; mais, habitués aux excentricités du professeur, ils gardent le silence.

Le domestique revient avec la tête de veau, qu'il place sur la table du professeur. Celui-ci retrousse ses manches.

LE PROFESSEUR. — Messieurs... mesdemoiselles... je vous prie de me prêter toute votre attention. Voici une tête de veau. Regardez-la bien. Le veau, *vitulus*, est, comme vous le savez, le petit de la vache. J'aurais désiré une tête d'un

plus fort volume; mais enfin j'opérerai sur celle-ci.
Je la retourne, le front sur la table, et je commence par inciser la peau de haut en bas, jusques
et y compris la lèvre inférieure. Ce couteau ne
vaut rien. N'importe, je n'interromprai pas pour
cela la séance. De la main gauche, je soulève un
des bords de la section, et, glissant le couteau
sous la peau, je l'introduis et le retourne de
manière à découvrir toute cette partie de la
tête...

PREMIÈRE ÉLÈVE, *bas.* — Pauvre bête!

DEUXIÈME ÉLÈVE, *de même* — Tais-toi donc :
elle est morte.

LE PROFESSEUR. — L'os de la mâchoire inférieure se trouvant à découvert, je l'isole des
chairs, en passant le couteau tout autour, et je
l'enlève. Le voilà. Vous pouvez dès ce moment
vous convaincre que c'est absolument la même
conformation que celle de l'être humain. Nous
avons tous un os semblable à celui-ci et qui influe
sur le son dans des conditions que je vous expli-
querai tout à l'heure. En attendant, je vais pro-
céder de la même sorte du côté opposé. Comme
ceci. Je dégage les os du nez et je les dépose à
part; considérez attentivement leur construction :
elle est beaucoup plus favorable que la nôtre au
développement de la voix. Il y a, en outre, dans
l'enroulement des narines, une délicatesse et un

fini qui aident, on ne peut mieux, à l'émission du son. Je ne crains pas de le dire, messieurs : le veau était né pour la déclamation.

TROISIÈME ÉLÈVE, *bas.* — Et nous, pour la sauce à la poulette.

LE PROFESSEUR. — Il n'a fallu rien moins que les décrets immuables de la Providence pour apporter d'invincibles obstacles à cette vocation. Poursuivons nos rapprochements : je retourne la tête et je retrousse toute la partie charnue par dessus les yeux. C'est ici que les éléments de comparaison abondent et deviennent de plus en plus saisissants. Les yeux...

QUATRIÈME ÉLÈVE, *bas.* — Mais c'est une infection !

CINQUIÈME ÉLÈVE, *de même.* — Pouah ! cela sent le fade !

LE PROFESSEUR, *qui a entendu.* — Mesdemoiselles, silence donc ! et vous aussi, messieurs ! Je conviens que cette tête de veau manque un peu de fraîcheur; mais ma démonstration est trop avancée (*on rit*) pour qu'il me reste le temps d'en envoyer chercher une autre. Je vous prie de m'écouter. Tout professeur doit être doublé d'un opérateur. Le raisonnement qui ne s'appuie pas sur la dissection court risque de n'être qu'un faux raisonnement. Toutes les sciences s'enchaînent. A quoi dois-je ma supériorité dans mon art?...

A mes études médicales. Esculape et Apollon sont inséparables. M. Scribe l'a heureusement rappelé dans un couplet que j'avais sur la langue il y a un instant, mais qui me reviendra certainement avant la fin de la séance. Je reprends ma théorie du son. Le veau est doué comme nous. L'appareil auditif est peut-être même plus complet que chez nous. Nous nous appesantirons bientôt sur ce point. Actuellement, je vais introduire la pointe du couteau au centre de la tête, et, en le faisant obliquer, les os vont s'écarter et me permettre d'en retirer la cervelle...

Ainsi de suite pendant une heure.

*

Ici s'arrêtent nos révélations sur le théâtre avant la lettre.

LE PROPRIÉTAIRE

LE PROPRIÉTAIRE

LE PROPRIÉTAIRE. — C'est vous, monsieur, qui désirez louer le troisième étage de ma maison?

L'ASPIRANT LOCATAIRE. — Le troisième étage, oui, monsieur.

LE PROPRIÉTAIRE. — Ah! ah! (*Appelant.*) Ma femme, mes enfants... c'est ce monsieur qui veut habiter chez moi. (*La famille se groupe autour de l'étranger et l'examine en donnant les signes d'une curiosité à laquelle semble se mêler un vague sentiment de compassion.*) Maintenant, mes enfants, retirez-vous; vous l'avez assez vu; laissez-moi l'interroger.

L'ASPIRANT LOCATAIRE, *à part.* — M'interroger?

LE PROPRIÉTAIRE. — Dites au concierge de fermer la porte cochère et d'attendre mes ordres. Allez. — Monsieur, veuillez prendre la peine de vous asseoir.

L'ASPIRANT LOCATAIRE, *inquiet.* — Je ne voudrais pas cependant vous déranger, et si, comme je le crois, vous êtes occupé...

LE PROPRIÉTAIRE. — Du tout, du tout. Faites comme moi, je vous en prie.

L'ASPIRANT LOCATAIRE. — Je puis revenir...

LE PROPRIÉTAIRE. — Et pourquoi? L'affaire doit être vidée sur-le-champ. (*Le regardant.*) Le masque n'est pas absolument désagréable; l'œil est bon, la voix est bien timbrée...

L'ASPIRANT LOCATAIRE, *mal à son aise.* — Votre portier m'a dit que c'était deux mille deux cents francs.

LE PROPRIÉTAIRE. — Permettez, oh! permettez! N'allez pas si vite. Mon concierge et moi, cela fait deux. Procédons par ordre, s'il vous plaît. — Accusé, votre âge?

L'ASPIRANT LOCATAIRE. — Plaît-il?

LE PROPRIÉTAIRE. — Pardon... l'habitude d'être juré... Je veux dire : monsieur, quel est votre nom, votre âge et votre état dans le monde?

L'ASPIRANT LOCATAIRE. — C'est trop juste. Je m'appelle Ernest Gouvassieux.

LE PROPRIÉTAIRE. — *De* Gouvassieux?

L'ASPIRANT LOCATAIRE. — Non ; Gouvassieux tout court.

LE PROPRIÉTAIRE. — Tant pis. La particule ne vous eût pas nui. Si vous demeurez chez moi, je vous serai obligé de l'ajouter.

L'ASPIRANT LOCATAIRE. — Monsieur...

LE PROPRIÉTAIRE. — Bah ! on ne fait pas autre chose tous les jours, et vous ne me refuserez pas ce petit plaisir : cela pose une maison. J'ai déjà un vicomte au quatrième. — Continuez, monsieur de Gouvassieux.

L'ASPIRANT LOCATAIRE. — J'ai trente ans, je suis garçon.

LE PROPRIÉTAIRE. — Bien garçon ?... vous m'entendez ?... Oh ! je ne suis pas rigoriste, et je me souviens d'avoir été jeune. Je ne crains pas de rencontrer de jolis minois dans mon escalier. Le murmure des robes de soie me rappelle mes beaux jours, — et, pourvu que les convenances soient sauvegardées...

L'ASPIRANT LOCATAIRE. — Soyez tranquille.

LE PROPRIÉTAIRE. — Par exemple... vous allez trouver que c'est une faiblesse peut-être... je ne m'en défends pas... il me déplairait singulièrement que vous eussiez une maîtresse blonde.

L'ASPIRANT LOCATAIRE, *stupéfait.* — Comment ?

LE PROPRIÉTAIRE. — Je sais ce que vous allez me répondre... que cela ne me regarde pas... que c'est une exigence au moins bizarre... Mais c'est plus fort que moi. Je ne peux pas souffrir cette nuance. — Tâchez, si vous devenez mon locataire, que votre maîtresse soit brune, ou très-châtaine. — Exercez-vous quelque profession ?

L'ASPIRANT LOCATAIRE. — Aucune.

LE PROPRIÉTAIRE. — Très-bien ! c'est le meilleur moyen de ne pas faire de bruit dans les maisons.

L'ASPIRANT LOCATAIRE. — J'ai des intérêts que je surveille moi-même...

LE PROPRIÉTAIRE. — Nous en causerons. Je vous aboucherai avec mon notaire.

L'ASPIRANT LOCATAIRE. — J'ai le mien, je vous remercie.

LE PROPRIÉTAIRE. — Vous prendrez le mien, j'en suis sûr ; je lui ai, d'ailleurs, promis la clientèle de tous mes locataires. — Vous vous portez bien ?

L'ASPIRANT LOCATAIRE. — Vous êtes bien bon. J'ai un peu chaud.

LE PROPRIÉTAIRE. — Vous ne me comprenez pas ; je m'informe de votre tempérament. Êtes-vous lymphatique ou sanguin, bilieux ou nerveux ?

L'ASPIRANT LOCATAIRE. — Lymphatique, je crois ; oui, lymphatique.

LE PROPRIÉTAIRE. — Otez votre habit.

L'ASPIRANT LOCATAIRE. — Hein ?

LE PROPRIÉTAIRE. — Pour un instant... cela

est fort important pour moi... Je ne veux pas loger de malades, que diable!... Il me faut des personnes bien bâties, carrées des épaules. Otez donc votre habit.

L'ASPIRANT LOCATAIRE, *hésitant*. — Mais...

LE PROPRIÉTAIRE. — La!... l'autre manche à présent. Hum! je vous croyais plus fort. Vous ne devez pas peser plus de cent trente.

L'ASPIRANT LOCATAIRE. — Je ne sais pas.

LE PROPRIÉTAIRE. — Votre cou est bien court.

L'ASPIRANT LOCATAIRE. — Mais non.

LE PROPRIÉTAIRE. — Mais si! et ces veines... là et là... mauvais présage... gare à l'apoplexie!

L'ASPIRANT LOCATAIRE. — Allons donc!

LE PROPRIÉTAIRE. — Il faudra que vous vous engagiez solennellement à prendre une purgation à chaque renouvellement de saison. Je vous indiquerai la purgation.

L'ASPIRANT LOCATAIRE. — Puis-je remettre mon habit?

LE PROPRIÉTAIRE. — Attendez. Vous ne faites pas assez d'exercice.

L'ASPIRANT LOCATAIRE. — Pardonnez; je fais régulièrement, tous les après-midi, le tour des deux lacs du bois de Boulogne.

LE PROPRIÉTAIRE. — Ce n'est pas suffisant : vous voyagerez désormais trois mois de l'année. Cela donne de l'air aux appartements et repose les escaliers. Nous voyageons tous en automne.

L'ASPIRANT LOCATAIRE. — Alors, monsieur... c'est bien deux mille deux cents francs par an, ainsi que me l'a déclaré votre concierge?...

LE PROPRIÉTAIRE. — Quoi?

L'ASPIRANT LOCATAIRE. — J'avoue que ce chiffre me semble élevé; ce n'est pas sans doute votre dernier mot.

LE PROPRIÉTAIRE.—Ta ta ta! nous n'en sommes pas encore là, monsieur de Gouvassieux.

L'ASPIRANT LOCATAIRE. — Cependant...

LE PROPRIÉTAIRE.—Ah çà! vous vous imaginez donc qu'on loue un appartement comme on achète un pantalon? Peste! comme vous y allez! vous passez dans ma rue, vous levez les yeux, vous lisez mon écriteau, vous montez, vous voilà à peine assis, et vous me demandez déjà les clefs.—Pourquoi ne me demandez-vous pas aussi ma robe de chambre?

L'ASPIRANT LOCATAIRE. — J'ignorais...

LE PROPRIÉTAIRE. — Ma parole d'honneur! on se comporte envers nous autres avec une légèreté...

L'ASPIRANT LOCATAIRE.—Mon intention, voyez-vous, serait de ne pas dépasser deux mille francs.

LE PROPRIÉTAIRE. — Un mot de plus, monsieur, et je vous envoie des témoins.

L'ASPIRANT LOCATAIRE. — Calmez-vous... je croyais avoir satisfait à toutes vos questions.

LE PROPRIÉTAIRE. — Voilà bien les locataires du XIXᵉ siècle! — Connaissez-vous seulement, monsieur, les principales conditions de mes actes d'engagement?

L'ASPIRANT LOCATAIRE. — Non, monsieur; mais je suis prêt à y souscrire, car je ne doute pas que ces conditions ne soient raisonnables.

LE PROPRIÉTAIRE, *tirant un papier de sa poche.* — Écoutez :

« Art. 1ᵉʳ. — Le locataire devra se lever et se coucher à la même heure que le propriétaire, afin de ne pas troubler le repos de celui-ci, qui habite diamétralement au-dessous de lui.

» Art. 2. — Le locataire devra, autant que possible, porter la cravate blanche en hiver, et se vêtir, en été, de couleurs égayantes, afin de réjouir le regard de son propriétaire, au cas où celui-ci viendrait à le rencontrer.

» Art. 3. — Le locataire sera tenu de se mettre à la fenêtre deux fois par jour, en se frottant les mains d'un air de satisfaction, de façon à inspirer de l'envie aux passants et à donner de la valeur à mon immeuble... »

L'ASPIRANT LOCATAIRE, *l'interrompant.* — Mais quand il pleuvra?

LE PROPRIÉTAIRE. — On peut tenir sur le balcon

avec un parapluie. — Je continue. « ... Le locataire ne rentrera jamais sans lever les yeux avec complaisance sur les détails d'architecture de la façade; il ne craindra pas de manifester à haute voix son approbation; s'il réussit même à attrouper le public, il n'y a pas de mal.

» Art. 4. — Le locataire invitera cordialement son propriétaire à dîner tous les 15 du mois. Il évitera avec soin de le conduire dans les restaurants à prix fixe du Palais-Royal.

» Addition à l'art. 4. — Ces repas mensuels ont pour but de resserrer les liens entre le locataire et le propriétaire. Il n'est pas interdit au locataire d'y amener sa maîtresse et une amie de sa maîtresse.

» Art. 5. — Le locataire s'empressera d'apprendre le whist, afin de tenir élégamment sa place dans les soirées de son propriétaire.

» Art. 6. — Le locataire mettra à la disposition de son propriétaire les relations honorables qu'il peut avoir; il le présentera à ses amis les plus influents et s'emploiera pour lui faire obtenir une décoration quelconque.

» Art. 7. — Le ramonage des cheminées du propriétaire sera aux frais du locataire, lesdites cheminées correspondant directement avec celles de ce dernier.

» Art. 8. — Le locataire s'engagera à prendre, en moyenne par année, pour deux cents francs de médicaments chez le pharmacien de son propriétaire.

» Art. 9. — Le locataire ne manquera jamais de saluer le concierge, qui est un peu parent par alliance du propriétaire; si même, de temps en temps, il consent à faire la conservation avec ledit concierge, qui n'est pas complétement dépourvu d'instruction, le locataire sera certain d'être agréable par là à son propriétaire.

» Art. 10. — Le locataire est expressément invité à faire passer par l'escalier de service les artistes et les hommes de lettres qui pourraient venir le voir. »

L'ASPIRANT LOCATAIRE.—Est-ce tout, monsieur?

LE PROPRIÉTAIRE. — Il y a quelques articles supplémentaires que je me réserve de vous faire connaître en temps et lieu.

L'ASPIRANT LOCATAIRE. — Eh bien, mais tout cela est fort naturel, fort sensé, et nous nous entendrons parfaitement, je le vois.

LE PROPRIÉTAIRE. — J'oubliais... Êtes-vous franc-maçon?

L'ASPIRANT LOCATAIRE. — Non.

LE PROPRIÉTAIRE, *tristement.* — Tant pis! je cherche partout un franc-maçon. Ma femme est très-désireuse de connaître le secret.

L'ASPIRANT LOCATAIRE. — Je peux me faire recevoir, si vous y tenez.

LE PROPRIÉTAIRE. — C'est cela ; bravo !

L'ASPIRANT LOCATAIRE. — Alors, monsieur... c'est bien deux mille deux cents francs par an...

LE PROPRIÉTAIRE. — Ah ! pardon ! encore un mot.

L'ASPIRANT LOCATAIRE. — Lequel ?

LE PROPRIÉTAIRE. — Vous avez oublié de me dire votre domicile actuel et le motif qui vous pousse à le quitter.

L'ASPIRANT LOCATAIRE. — C'est vrai ; j'occupe, au n° 6 de la rue Cadet, un appartement au premier étage.

LE PROPRIÉTAIRE. — Et les causes de votre départ ?...

L'ASPIRANT LOCATAIRE. — Oh ! la moindre des choses ; quelques griefs contre mon propriétaire, à la suite desquels je l'ai jeté par sa fenêtre.

FIN

TABLE DES MATIÈRES

———

FIN DE LA TABLE